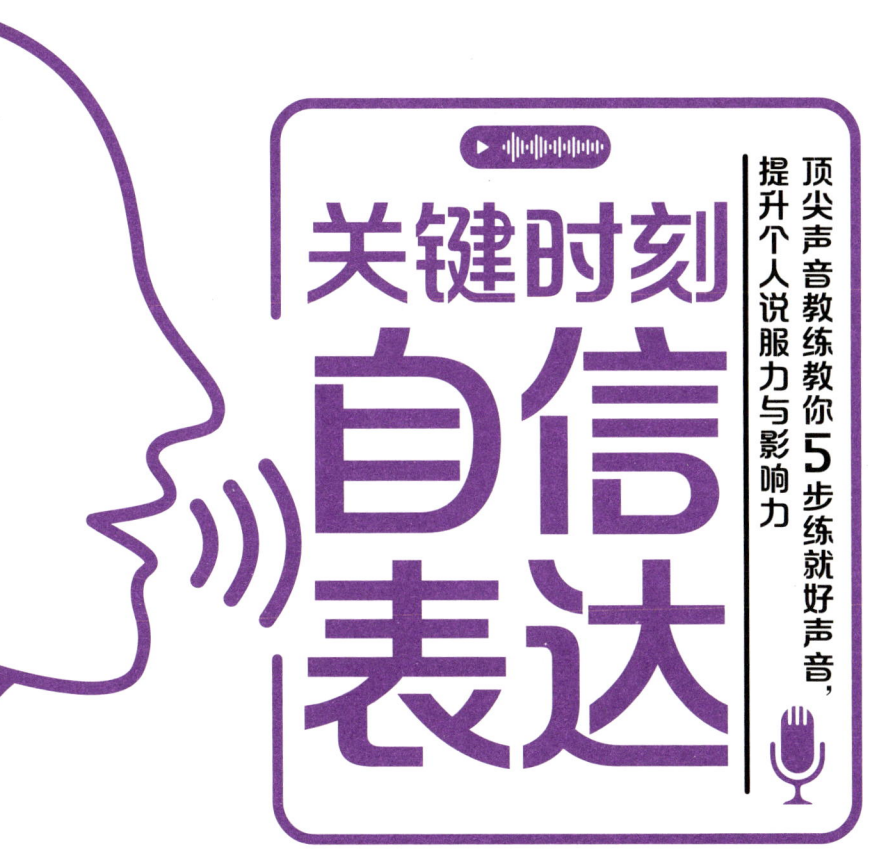

[英]卡罗琳·格伊德（Caroline Goyder）著　　张容 译

关键时刻自信表达

顶尖声音教练教你5步练就好声音，提升个人说服力与影响力

FIND YOUR VOICE
The Secret to Talking with Confidence in Any Situation

上海社会科学院出版社
SHANGHAI ACADEMY OF SOCIAL SCIENCES PRESS

图书在版编目（CIP）数据

关键时刻自信表达：顶尖声音教练教你5步练就好声音，提升个人说服力与影响力/（英）卡罗琳·格伊德（Caroline Goyder）著；张容译.—上海：上海社会科学院出版社，2024
 书名原文：Find Your Voice: The Secret to Talking with Confidence in Any Situation
 ISBN 978-7-5520-4281-8

Ⅰ.①关… Ⅱ.①卡…②张… Ⅲ.①语言艺术—通俗读物 Ⅳ.①H019-49

中国国家版本馆CIP数据核字（2023）第235994号

Copyright © Caroline Goyder, 2020
Illustrations © Viktorija Semjonova, 2020
First published as FIND YOUR VOICE in 2020 by Vermilion, an imprint of Ebury Publishing.Ebury Publishing is part of the Penguin Random House group of companies.

上海市版权局著作权合同登记号：图字09-2022-0680号

关键时刻自信表达：顶尖声音教练教你5步练就好声音，提升个人说服力与影响力

著　　者：［英］卡罗琳·格伊德（Caroline Goyder）
译　　者：张　容
责任编辑：杜颖颖
特约编辑：黄珊珊
装帧设计：知行兆远
出版发行：上海社会科学院出版社
　　　　　上海市顺昌路622号　　邮编200025
　　　　　电话总机021-63315947　销售热线021-53063735
　　　　　https://cbs.sass.org.cn　E-mail: sassp@sassp.cn
印　　刷：河北鹏润印刷有限公司
开　　本：889毫米×1194毫米　1/32
印　　张：7.75
字　　数：140千
版　　次：2024年7月第1版　　2024年7月第1次印刷

ISBN 978-7-5520-4281-8/H·075　　　　　　　　定价：52.80元

版权所有　翻印必究

献 给

我的父母，他们给予我对世间万物之声的热爱（以萨克斯吹奏的爵士乐为背景），以及我的女儿，她每天都在提醒我内心的这份感情。

你不能把声音和人分开；有了人，才可以说话……声音是你的个人"名片"，它所表达的"我是（I am）"组成了整体自我的外在特征。

——西塞莉·贝里（Cicely Berry），《你的声音以及如何成功地运用它》(*Your Voice and How to Use it Successfully*)（1990）

声音：

1. 在喉咙里产生并经由口腔发出的声音，如言语或歌声
   1.1 说话或唱歌的能力
   1.2 被认为具有指导精神的话语
   1.3 文学作品或作家所具有的独特风格或语气
2. 表达或代表阐述某个观点
   2.1 发表意见的权利

——《牛津词典》

目录

前　言　你的声音比以往任何时候都重要 / 1

当你说不出话来 / 3

想要学习自信讲话，现在就是最好的时机 / 7

数字时代，关于自信的"第22条军规" / 9

关于本书 / 12

常见问题 / 16

如何充分利用这本书 / 18

第一章　你身体里那个不可思议的"乐器"：声音是如何工作的 / 25

你的声音是如何工作的 / 28

勇敢一点 / 58

常见问题 / 62

第二章　找到你的平静之源：收获安全、联结与归属 / 67

　　由关注带来的紧张感 / 70

　　电子设备对神经系统的影响 / 73

　　你的管理系统——是"敌"是"友"？ / 79

　　为什么你的声音会颤抖 / 83

　　认识你的神经系统 / 84

　　和老朋友聊聊天 / 92

　　建立新常态 / 96

　　放空半小时——"断电" / 103

　　常见问题 / 107

第三章　从你的头脑中跳出来：如何在讲话时展现自信、感受尊重 / 113

　　身体是自信的关键 / 115

　　如何爱上自己的声音 / 121

　　身体姿势的力量 / 125

　　放松的身体=自信的演讲者 / 138

　　进一步改善你的体态 / 148

　　常见问题 / 153

第四章　关键时刻，大胆发声：享受展示自我的乐趣与兴奋 / 157

为什么是你？做出贡献，不要攀比 / 160
自然交谈的自信 / 168
工作、休息和游戏：
"大胆发声，展示自我"的三个阶段 / 177
分享你的声音 / 195
内在的声音，外在的声音：
如何让轻松感充满整个房间 / 199
你说话的方式 / 205
大胆发声，展示自我也可以很有趣 / 211
常见问题 / 213

第五章　脊背有力，内心柔软 / 217

从"我"到"我们" / 220

参考文献 / 226
推荐阅读 / 232
致　谢 / 235
关于卡罗琳·格伊德（Caroline Goyder） / 238

前 言

你的声音比以往任何时候都重要

他们并不比她大多少,却早已练就一副好声音……
她想知道他们是怎么做到的?

——梅格·沃利特泽尔(Meg Wolitzer),
《女性念力》(The Female Persuasion)(2018)

我们的声音没有"丢失"。你没有将它落在火车座位上或者是沙发靠垫下面,声音与你同在。你只需要知道在哪里可以找到它。你把手放在肚子上,大笑几声试试。感觉到了吗?你的声音就在这里,在你体内深处。它是被掩埋的宝藏,一直在你体内深处。可是对于一直存在的东西,我们很难欣赏它。这既是声音令人惊叹的地方,也是我们需要面对的挑战。在你刚出生时,助产士会认真辨听你的声音,以此来评估你的健康状况,这是阿普伽新生儿评分测试的一部分。[1]通过你的第一声啼哭,助产士可以判断你的肺部是否健康。从你第一次呼吸和随之而来的第一声啼哭开始,到你最后一次呼吸,声音是你的内心世界与外部世界交流的桥梁。

有这么一个故事：两条小鱼在河中遇见一条年老的鱼。"早上好啊，男孩们，"老鱼经过时说道，"这水怎么样？"两条小鱼困惑而沉默地游着，直到其中一条瞥了另一条一眼，然后说："'水'是个什么鬼玩意儿？"

对此，作家大卫·福斯特·华莱士（David Foster Wallace）曾评论道："对于最明显、无处不在、重要的现实，我们从不谈论。"[2]声音就是这种显而易见、无处不在、重要的现实之一；我们不谈论它，即使它使我们能够交流。我们常常忽略自己的声音，直到它出现在某段视频或者音频里，听起来不停地颤抖，尖厉刺耳，还有些古怪。这时声音才会引起我们的注意。

因此，花点时间关注一下你的声音。集中注意力，注意力会带来控制感，而控制感最终会赋予你信心。开口说点什么吧。如果你愿意的话，大声把你现在看到的字读出来，默念也没问题。在说话的时候尝试把手放在嘴旁。感受一下空气是如何从你的肺部流出来的，感觉它在你的喉咙里振动。在你说话的时候，感受振动的空气分子触及手掌而带来的温暖。感受声音由你的体内流出，迎接这个广阔的世界。花几秒来关注一下这个小小的奇迹，作家阿尔·阿尔瓦雷斯（Al Alvarez）形容这是"人类活力的展现"。[3]

呼吸意味着生命，声音就是呼吸。所以说，你的声音代表了你自己。当你能够大胆地说出"这是我的声音"时，你将发现全世界都会侧耳倾听,因为你在以一种清晰有力的方式与之交流。自信的表达令你脱颖而出。

))) 当你说不出话来

英语中"信心"一词来自拉丁语"confidere",意思是信任。但是在你最需要表达的时候,你一个字也说不出来,在这种情况下,你要如何信任自己呢?如果你的声音总在颤抖,或者一旦在观众的注视之下,你的大脑就一片空白,再或者别人总是要求你大点声,因为他们听不清你说的话,如果是这样,你还怎么相信自己?

你或许担心,自己的声音是不是太轻或者太重,音调是不是太高或者太低,是不是有很多讲得不得当的地方。如果你不能相信自己的声音,又怎能相信自己呢?

如果以上这些窘状你都很熟悉,别担心,很多人都和你一样。我曾问过我的观众:"你们之中有谁在讲话时感到不太自信?"大多数人都举起了手。他们告诉我,当面对观众、摄像机或者麦克风时,他们在内心深处会感到非常脆弱。我的戏剧老师将其称之为"地狱之口张开"的时刻。

以下是最令人恐惧的时刻:

- 你走到一大群观众面前,他们正无比期待地看着你;

- 你想说点什么，却发现满屋子都是专家，你觉得自己很蠢；
- 你想问一个问题，但感觉心在胸口怦怦直跳，你担心自己的声音会颤抖；
- 某人向你问了一个问题，其他人全都安静下来看着你，可你想不出答案；
- 摄像机正对着你的脸，你必须在毫无准备的情况下立马说出一些机智的话。

我想，在你的记忆里，或多或少都会有这样的时刻。让我印象最深刻的一次是，在一个巨大的演讲厅里，我当着上千名观众的面犯了一个无法挽回的错误。事后我发誓再也不上台讲话了，我花了很长时间来重建自己的信心。即使现在回想起来，这件事还是会令我感到惶惶不安。虽然身处这样的境况你会感到孤立无援，但事实并非如此。恐惧是人之常情，感到紧张也很正常。在我的日常工作中，客户每天都会向我讲述他们作为演讲者的不堪经历，他们的记忆里充满了尴尬、恐惧和脆弱。相似的故事发生在各个年龄段的人身上，从学校里的孩子到跨国企业的老板，还有国家领导人。例如，一位企业高管曾告诉我，她记得当她还是学生时，有一次在学校登台演讲，父亲让她把演讲稿背下来，所以她手里没拿任何笔记，结果走上讲台的那一刻，她脑袋里空空如也，一个字也说不出来，所有人哄堂大笑。自此之后，她认定演讲对她来说是有风险的，即便多年以后她在事业上已经取得巨大成功，这种信念依然跟随着她。

尽管我们都经历过这些糟糕时刻，但好消息是，我们有能力从中学习并取得进步。现在，这位高管可以带着一种自豪感平静地说，自学校演讲之后，经过这么多年，她已经可以在成千上万人面前登台，享受掌控全场的感觉。我摸着良心告诉你，自信讲话是可以学习的，它不是天生的。这世界上没有人生来就会演讲。自信来源于日复一日的练习，和你出生时的样子没太大关系。在我生命的前 30 年，我一直是一名不自信的演讲者。每次需要当众讲话时，我就会变得手忙脚乱，身体颤抖，担忧焦虑。但慢慢地，通过有计划的练习，我发现自己作为一名演讲者变得越来越自信。在接下来的内容里，我也向你展示这些练习步骤。

从前，魔术师在把兔子从魔术帽里变出来时最喜欢用的一个词是"abracadabra"，这个词其实来自希伯来语"ebrah k'dabri"，意思是"我一边说一边创造"。如何找到你的声音也是一种魔术。当你感到声音的力量从身体深处释放出来，当你发现自己能够走出来站到聚光灯下，无论发生什么样的情况你都可以冷静面对，这一刻，你知道自己的声音将不再颤抖，你知道你可以控制自己的肾上腺素而不是任由它飙升，你知道自己无须大声喊叫也能吸引房间里所有人的注意力。

作为一名演讲者，我开始寻找新的常态，使我在讲话时感到镇定自若并拥有掌控力。我发现登上令人畏惧的舞台，面对台下的观众，不再是让人方寸大乱的事情。作为老师，我很享受声音像夏天花园里的植物一般慢慢舒展开来。这使我的工作成为一种乐趣。我也希望你以同样的方式获得成长。当你能够妥善地处理讲话时所遇到的各种问题，新的大门就会打开。你会发现，语言能够成为你所使用的工具。你的生活改变了。当你大声说出比你这个人更伟大的想法时，你也会改变他人的生活。这才是真正有趣的事情。

勤能补拙

如果你想知道一个通过后天努力而成为自信演讲者的例子，那就去看看古希腊雄辩家德摩斯梯尼（Demosthenes）的故事。在克服声音障碍成就自我方面，他可以说是古代社会的一个榜样。德摩斯梯尼出生于公元前384年的雅典，他不是一个"老天赏饭"型的演讲者。他小时候身体虚弱，口吃严重。他第一次在公开场合的演讲简直就是一场灾难，他受到众人无情的嘲笑并被赶下台。于是他决心要找到属于自己的声音。他把鹅卵石放在嘴里练习说话，以此来纠正口吃（千万不要在家中尝试……），他在被抛光得如同镜子般的盾牌前练习演讲的仪态，他还通过爬坡来增加肺活量。通过练习，他的自信心和声音感染力不断增强，他终于成为当时最受人尊敬的演讲者之一。

))) 想要学习自信讲话,现在就是最好的时机

想要学习如何自信地讲话,现在就是最好的时机。在我们这个时代,技术飞速发展,一个令人始料未及的结果是,声音——真正的人类声音——比以往任何时候都重要,甚至那些醉心于科技的"科技控"也同意:从硅谷传来的信息表明,人与人之间的交流比代码更重要。领英首席执行官杰夫·韦纳(Jeff Weiner)相信,口头交流是未来拉开人才差距的关键技能之一。关于未来工作,韦纳在《连线》杂志上是这么说的:"尽管AI(人工智能)正在变强,并且最终会变得越来越强大,但想要让计算机复制并替代人与人的互动,产生人情味,我们仍然有很长一段路要走。这对人类发展人际沟通技能来说是一个很大的激励。"[4]

当计算机能够以比人类更快的速度完成大多数事情时,只有人类所独有的技能才能使我们脱颖而出。让人类变得更加具有人文精神,这不正是AI的兴起所带来的意外好处吗?声音是人类的核心,因为它让我们能够随时随地以错综复杂的方式交流,作为对发生在我们眼前和内心深处的事情的回应。没有一台机器可以复制这一过程。

当今时代,"会说话"很重要,而在将来,说话的能力以及通过话语影响他人的能力将会变得更重要。这种趋势是有迹可

循的。1995年,美国经济学家黛尔德丽·麦克洛斯基(Deirdre McCloskey)领导了一项覆盖美国1.4亿人的重要研究,分析了250种不同的职业。[5]她想知道人们会花多少时间向他人展示自己,并说服他人改变主意。麦克洛斯基发现,演讲的重要性正在迅速上升,在未来20年内,说服力的价值将占美国国民收入的40%。在麦克洛斯基的结论中,她阐述了声音作为说服工具的重要性:"在一个经济体或一个社会里,除非有人因为被说服而改变想法,否则没有什么改变是自动发生的。行为可以被强迫改变,但思想不能。"

麦克洛斯基的结论在2013年澳大利亚的研究回顾中再次得到验证。澳大利亚财政部研究发现,事实上,说服力的价值占比已上升至美国GDP(国内生产总值)的30%。[6]如果杰夫·韦纳关于人际沟通重要性的断言是正确的,那么这一数字可能还会继续上升,可能很快就会达到1995年研究所预测的40%。

这就是为什么我相信声音是人类最根本的软实力。"软实力"[7]是政治学家约瑟夫·S.奈(Joseph S.Nye)所提出的概念,从政治意义上讲,这一概念用于描述一个国家通过吸引和说服别国从而得到自己想要的东西的能力。它与"硬实力"相对,"硬实力"是指支配性实力。在个人层面上也存在"硬实力"和"软实力"之分。你的工作头衔,或者你在现实生活中的身份为你提供了一种地位上的硬实力。但这些东西能为你提供的发展空间有限。你声音中的感情、细微变化和共情能力,可以赋予你影响他人的能力。这是你的一种软实力,它比以往任何时候都重要。

))) 数字时代，关于自信的"第 22 条军规"

当前时代，在通往自信言谈的路上有一个新的障碍正阻挠着我们前进，这是数字时代带来的一个令人难以摆脱的困境。当下有众多平台可以让你与全球观众分享自己的声音——播客、YouTube 频道等社交媒体，以及接下来随时可能冒出来的、五花八门的平台。但是，凡事都有两面性，平台在给普通人带来曝光机会的同时，也给普通人带来了空前的压力。人们要想在社交平台上爆红，那你必须先克服焦虑，这些焦虑会让你在镜头前紧张不安。如果你对自己的声音不甚满意，那播客对你来说绝对是一项挑战。如果你犹犹豫豫，总是找不准开口的时机，视频通话就会成为大问题。视频时代是一个黄金时代，它让每个人的声音得以传播，但前提是，当你按下录音键时，声音不会因为紧张而颤抖。

除了五花八门的展示平台和当众表现所带来的压力，我们在使用声音时的另一个问题是缺乏练习。有时候，说话似乎是一门即将销声匿迹的艺术——舌头被打字的手指取代。我的祖父母在 20 世纪 90 年代去世，如果他们活到现在，一定会对今天人类的行为感到惊讶：我们不停地查看电子设备，在街上行走的时候也紧盯着自己的手机。我的祖父母肯定会奇怪,地球上怎么还有这种事儿,对方就在和我们隔几个桌子的地方或者就在隔壁,可我们要发消息沟通。我的祖父母会发现,办公室已经变成一个沉默的空间,只有敲击键盘的"嗒嗒"声。他们或许很难相信,同事之间不用说话也能一起工作。我的祖父母可能还会注意到,我们用来交流的小盒子(手机/电子设备),实际上却把我们困在了里面。他们可能会被我们更新电子设备的速度吓倒。在生活中,我们匆匆忙忙,不断与他人联系,在别人面前展示自己,甚至来不及停下喘口气。生活中的大部分时间,我们沉默地躲在小小的电子屏幕后面。我们越来越少地使用自己的声音,又没有适当的练习,在这种情况下,如果贸然地把自己置于全球数字舞台之上——播客或者视频网站——那么毫无疑问,你一定会感到无比焦虑。久而久之,这些失败的经历会消磨我们的自信。

　　随着工作环境变得越来越安静,我们中的许多人正在养成缄默的习惯,这些习惯使自信讲话变得更加困难。所有通过短信、邮件,以及隔着屏幕学习和沟通的方式,都会在很大程度上影响我们的"身体自我"[1]。人们说话的速度变得更快,肩膀绷紧,眼神呆滞,呼吸短促。现代媒体要求我们在镜头前说话时,表现得既自然又不失个性,与此同时,电子设备的使用却让这一切变得尤为困难。你有没有想过,滑动屏幕、滚动鼠标是让

---

[1] 我们从身体层面对自我的感知。——译者注。本书所有脚注均为译者所加。

你更加平静和连贯地说出想说的话，还是更难？注意一下：当你低头查看手机时，你的呼吸是不是变得很浅？甚至有时候你还会屏住气息。此时，你的注意力是向内的，而不是向外关注周围的世界。

当压力与缺乏练习同时出现，就会让人感到恐惧。想想生活中是否有这样的时刻，在承受外部压力的同时，电子设备也让人感到不安。当俯身凝视屏幕成为习惯，你的身体就更有可能将站在你面前注视着你的观众视为一种威胁。身体的应激系统会将这种气血上行的感觉标记为糟糕、可怕的，甚至是一种危险。然后系统就会拉响警报：心率加快，血液快速流向心脏和四肢。你会变得慌乱、口齿不清，更糟糕的是，你的脑子一片空白。

好消息是，只要我们对电子设备所带来的影响稍加注意，上述状况都是可以避免的。这不正是觉察力的作用吗？帮助我们有意识地觉察自身以及周遭的情况。虽然说得也不全对，但觉察力很管用，可以极大地帮助我们，但其中缺失了一环。藏传佛教不讲"心—身—灵"，他们讲的是"心—身—声"。我们需要在头脑、身体和声音之间建立联系，这也是本书的主旨。我希望你能感到一切尽在掌控，不仅仅是在讲话之前，在你当众开口的那一刻也是如此。而且更重要的是，我想让你明白，当众讲话时保持镇定是完全可能的。明白了这一点，你就不会觉得每次开口就像失控的火车难以控制了。和以往任何一个时代相比，在数字时代，我们有更充足的理由去找到自己的好声音。

关于本书

当我们将一粒玫瑰的种子种到土里,我们注意到它很小,但我们不会因此用批评的语气说:"它怎么没有根呢,也没有茎,是花吗?"我们把它当作种子看待,给予它成长所需的水分和养料……这粒种子所蕴含的是它作为一株玫瑰所具有的全部潜能,这些潜能一直都在,种子处于不断变化的过程中,在不同的阶段,不同的时刻,它都呈现出自己此时此刻最完美的模样。

——W. 提摩西·加尔韦(W. Timothy Gallwey)
《身心合一的奇迹力量》(*The Inner Game of Tennis*)(1975)

我相信,如果你能自信地与朋友聊天,你就有能力在数以千计的人面前自信发言。如果你能当着一名观众面前平静而自信地讲话,那你就能在任何场合平静而自信地讲话。因为无论是哪种情形,你使用的"工具"都是一样的,就是你的声音。唯一的问题在于,你如何在面对压力时获得自信。这本书就是关于如何解锁你的内在自信的,解锁的关键在于,你要意识到自信的存在,并且勤加练习。

我是一名声音教练。我日复一日帮助人们在不同场合自信发言——球场,视频会议,大舞台,会议室,聚会,播客。无数的事实证明,当你通过练习掌握了切实可行的实用技巧,就可以深层次地控制自己的肌肉，这会让你看起来更加自信。20 年来，我每天都在做这些看起来并不起眼的小练习，而我自信讲话的能力也由此得到了提高。所以，我们每个人都可以练就一副好声音，"魔法"就是少量而频繁地练习。在这本书中，我将教你如何关注自己的声音，以及一些简单的技巧，让你可以少量而频繁地练习，这样你在说话时就会变得越来越自信。对练习的过程抱以信心，坚持不懈，不久的将来，你的声音和自信所展现出来的变化会带给你惊喜。

亚里士多德曾用一个词来形容事物自身所具有的潜力——生命本源（entelechy）。这是一个复合词，源于希腊语 entelosekhein，en 的意思是在"事物的内部"，telos 的意思是"向前移动"，ekhein 的意思是"处于某种状态"。就像橡子在合适的条件下会变成橡树一样，你已经拥有了自信讲话所需要的一切条件。

不止一次，我看到人们的声音像稚嫩的树苗一样，只要给予适当的照顾、浇灌与关注就会茁壮成长。声音是自然的力量，而自然是神通广大的。如果条件合适，大自然会催动事物的内在力量开花结果。我公公经过多年努力在苏格兰创建了他的植物园。来自世界各地的树木在山坡上生长，这些树在朝塞斯山凛冽的寒风中摇曳。一个冬天的早晨，我和公公一起朝山上走，他指着远处的一个东西给我看，在我这双不太专业的眼睛看来，那个东西就像竖在地上的一根棍子，公公说："那是一株非常稀有的中国树。"他在一次旅行途中买下了这棵树的幼苗，把它种在肥沃的苏格兰土地上，但是对于幼苗是否能够存活，他从未抱有希望。公公一度认为这棵孱弱的小树苗已经死掉了,直到某个春天,细细的嫩芽再度破土而出,就在写有它名字的金属牌旁边。生命的能量一直都在等待,充满力量,当条件合适时,它便会再度展现。这棵中国树的生命本源潜藏于泥土之中,等待合适的条件。而你也一样,你本来就能够自信地讲话,这个能力正等待机会得以施展。你需要做的是,创造合适的条件以供你的"心—身—声"三者能够建立联结并得到发展,这些条件包括你的思考方式,以及如何站立、如何呼吸,等等。

谈到如何创造合适的条件让自信讲话得以实现,我们可以参考心理学家亚伯拉罕·马斯洛著名的需求层次理论,在这里以树的形式来表示。在本书中我们遵循这个需求层次体系,因

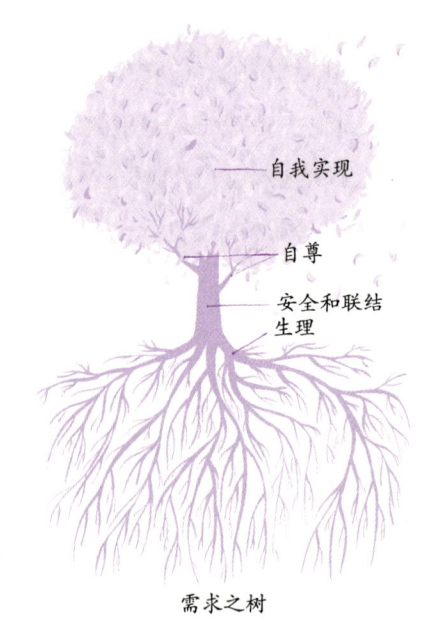

需求之树

为这一体系为如何关照并培养我们的好声音提供了完美的指导，以便我们能够从容自信地讲话。马斯洛树的每一层都反映了一种成长模式，引导我们发挥自己的潜力，寻找意义，并找到自己的声音。在不同层次，有相对应的技巧来帮助我们能够自信地讲话。

第一章"你身体里那个不可思议的'乐器'"，让我们来看看你的声音是如何工作并发挥作用的。当你对正在发生的事情有所了解时，实际上你就已经掌握了更多的控制权。你可能从未考虑过，自己的声音有一整套"根系统"，它隐藏在你的身体深处，为你的声音提供动力。你可能看不到这个"根系统"，但我希望它能牢牢地留在你的意识里。

第二章"找到你的平静之源"，我们会沿着马斯洛的"需求之树"从有关生理的树根部分一直到负责安全感的主干部分。如果我们找不到安全感，说话时就会感到焦虑和恐惧。这一章将告诉你，当感到害怕、焦虑或声音颤抖时该如何做。处于主干部分的平静中枢将引领我们进入马斯洛需求层次理论的下一层级。镇定会带来安全感，而安全感会让你觉得自己不是孤立无援的，这个时候，作为一名演讲者，你将有能力体会到联结、爱与归属感，这是马斯洛的需求层次中位于"安全感"之上的一个层级。如果我们知道该如何去做，联结就会由内而发。自信讲话是很重要的，因为作为一名演讲者，当你把观众看作朋友时，你就可以放松下来并享受演讲的乐趣。这种演讲者与观众之间的联结一举消灭了演讲者常有的不愉快感，那就是一旦自己站上舞台，就只能任由台下观众评头论足。你可以随时找到联结，即使你独自一人站在聚光灯下面对数以千计的观众。

马斯洛需求层次理论的下一个层级是尊重——对个人能力和成就的渴望。这些是"需求之树"的树枝，它可以让你敞开心扉，充满自信地发声。在第三章"从你的头脑中跳出来：如何在讲话时展现自信、感受尊重"中，我们将探讨如何从身体层面来体现个人的尊重感，包括身体姿势和头脑中的意识，这样你就可以在发言之前感受到十足的信心。这种自尊感创造了一个良性循环——人们因为你的自信而尊重你，而获得别人的尊重又会增长你的自信心。

最后，我们来到"需求之树"的最高层——自我实现，这是"需求之树"的树叶。在这一层级，个人的声音将得到充分表达。在第四章"关键时刻，大胆发声：享受展示自我的乐趣与兴奋"中，我们将关注个人的自我实现，用自信的方式表达自己的想法而不是自我审查。

每一个阶段都建立在前一层级的基础之上，当你变得更加自信的时候，你会发现下一层级的大门会自动为你打开。给予适当的照料和滋养，创造合适的条件，深深扎根。然后，你就会看到自己的声音和自信心如生机勃勃的植物般茁壮成长。

))) 常见问题

在大多数章节的最后你会看到一些问题，这些都是 20 年来我在帮助各类人群学习如何自信地讲话的过程中常被问到的问题。在我的每次课程开始时，我都会和学员们聊聊那些令他们焦虑不安的时刻，这些时刻迫使我们不得不去寻找自己的声音。我会让每位学员把他们的问题和担忧写在便笺上，然后把这些纸条贴在墙上。无论是公司高管还是普通工作人员，无论是经验丰富的演讲者还是新手，当得知焦虑担忧是件再正常不过的事时，都会获得一种难以置信的情绪宣泄。对于自己的声音，我们有着同样的担忧。

怎样才能不怯场？

当得知自己必须当众讲话时，如何才能停止焦虑？

如何在聚光灯下保持镇定？

如何让双手停止颤抖？

关键时刻自信表达

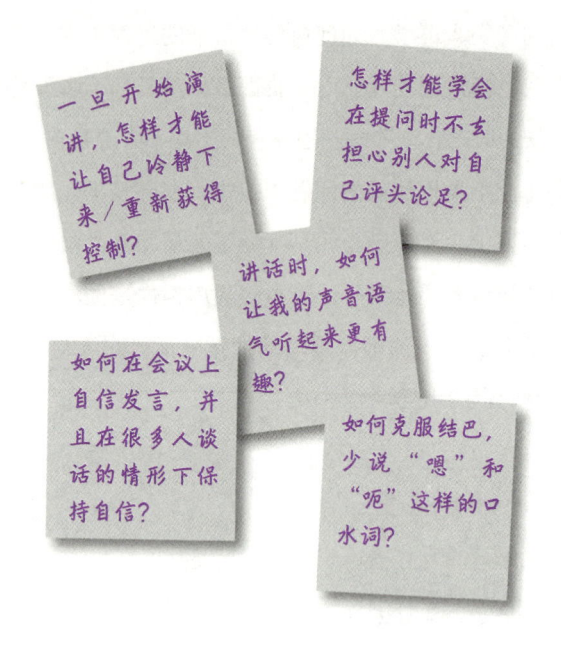

> 一旦开始演讲,怎样才能让自己冷静下来/重新获得控制?

> 怎样才能学会在提问时不去担心别人对自己评头论足?

> 讲话时,如何让我的声音语气听起来更有趣?

> 如何在会议上自信发言,并且在很多人谈话的情形下保持自信?

> 如何克服结巴,少说"嗯"和"呃"这样的口水词?

如何充分利用这本书

一本书本身不能帮你打开声音并且充满自信地讲话,正如一本食谱无法给你做出现成的蛋糕。讲话和烹饪、园艺一样,你要充满热爱并且不断练习。日积跬步,以至千里。我之所以知道这些,是因为这就是我所经历过的。最近有人说他们喜欢我的声音,这让我感到惊讶,因为多年来我一直为自己的声音感到沮丧和失望。20年前,如果那时有人告诉我,20年后的今天我会欣赏并喜欢自己的声音,我可能会不以为然。是什么让改变发生的？是我所付出的努力。少量并且经常性的练习是关键，你的练习越有规律，你的好声音和自信心就会越清晰地展现出来。

很久以前，作为一名声音教练，我虽然在理论上懂得这些练习，却从未加以实践。所以，尽管愿望很美好，现实却总是不尽如人意。但是大约10年前，我发现那些锻炼对我很有用，它们融入了我的生活，从那时起，一切都开始改变。以下是我希望你做的：每天花5分钟的时间来练习你的声音，最好是在早上，这也是我每天的"必修课"。这样做可以使你的声音为接下来的这一天做好准备。从这本书中选择对你有用的练习和建议，让它们成为一种习惯，然后关注你的声音是如何得以释放，以及由此而来的，你的声音是如何对这个世界产生影响的。

这就是为什么我希望你能下定决心去做这件事：把书上对你有用的那页折个角，做笔记，尝试练习。放下书，想想你读过的内容，认真琢磨，然后把它变成你自己的东西。再拿起书，接着读下一章，试试看这些方法对你来说是否管用？如果管用，就通过练习让它成为你的"肌肉记忆"，变成你的自然反应，就像演员在学习表演时常常做的那样。

出于便于阅读的目的，这本书被有意地划分为短小的章节。

这本书是关于你要如何"做"的。如果关于声音你只记得一件事，那么请记住这个：说话的连贯性胜过强烈的语气。说话的连贯性会建立新的习惯，一种肌肉记忆，它可以让你在观众面前自然而然地讲话，就像你在学习开车时，你会不断练习以便在驾驶员考试中能够凭直觉快速做出各种反应。你需要找到一种或者几种对你来说足够简便易行的技巧，以便每天练习。

　　想要找到你的好声音不能急功近利，要一步一步来。付诸实践，对练习的过程充满信心。当你适应了，相信自己可以做得更多，那你就能做得更好。如果你认定自己不行，什么也做不了，那改变永远也不会出现。坚持每天5分钟的训练，你很快就能够看到声音的变化，甚至比你意识到的还要快。

　　你会看到"试试这个"这个练习板块贯穿全书，通过这部分内容你可以了解语音训练的概念和技巧。我建议这个板块中的练习你都试一下，找到对自己有用的方法，然后每天找个方便的时间坚持练习几分钟。什么时间适合练习取决于你每天的日程安排。如果你是朝九晚五的上班族，早上的时间就很合适。拿我自己举例，如果我需要外出工作一整天，那我会在早上出门前练习，这样会让我在一天的工作中感到自信满满，内心平静。不过也有一些人，他们会在工作的过程中随时给自己的自信心"充值"，比如，在开会前找一个安静的房间自己待上5分钟，练练声。另外，现在很多人都会采取在家办公的工作方式，如果你是这样，那你就有更多灵活的时间来安排自己的练习了。也许，你需要在晚间的一个活动上发言，所以你可能回家之后做些练习，为接下来的发言做好准备。相信自己内心的感受，它会告诉你该怎么做。不过，无论你选择何时练习，一定要记得做这件事。如果你只是简单地把这本书读了一遍，那么什么改变也不会发生。做你喜欢的事情，这样你就能够坚持下去。不是每个练习、技巧或是建议都适合所有人，这很正常。从以往的工作经验中，我深知并不是每个练习都对自己有作用。我建议你把所有练习都尝试一遍，然后选出适合自己的，把它们变成你身体自然而然的反应。

记住以下原则，它们可以帮助你享受练习的过程：

尽量简单化： 我的建议是一点一点地看完这本书，就像看烹饪书那样。选择一个能够吸引你的点子，去尝试，像品尝甜点一样品味它，感受它，让它深入你的身体，伴随你的呼吸和发声。当这个点子真正成为属于你的东西时，再回到书上来，试试其他的方法和建议。尝试一些简单而有力的方法，以此来探索你声音的力量。

养成新的习惯： 少量而频繁的练习非常重要。当你以温柔、轻松、愉快的方式不断重复，你的好声音就会得以施展。你可以尝试利用每日例行活动的时间来进行练习，比如，早上煮咖啡时，穿衣服时，上下班的路途中，给孩子读书的时候，等等。每天坚持5分钟比心血来潮地练习个把小时的效果要好得多。

轻装上阵： 如果你猛拽安全带，安全带就会锁住。在寻找声音的过程中如果用力过猛也会有同样的效果。在学校，老师教育我们要努力，于是我们眉头紧皱，咬紧牙关，全力以赴。但这种方式对于声音练习并不奏效，因为它会带来紧张的情绪。这种紧绷感会压抑你的声音，让人变得不自信。声音是一种身体表达，一旦我们感到紧张，它就无法自然地流动。这和舞蹈、网球以及艺术是相同的道理。想得太多，你反而很难成功。卸下负担，放松身体，你会发现一切都将自然而然地发生。阿道司·赫胥黎（Aldous Huxley）在1962年的小说《岛》中很好地表达了这一点——"你太过努力，周围的黑暗会蒙蔽了你。放松一点，学会用淡定的态度去对待周遭的事情。"

保持好奇心：那些你认为自己已经知道的事情其实还有重重深意等待探索。对声音来说也是如此。你或许知道怎么说话——我觉得我在20年前就知道了——但20年后，经过日复一日不断地对声音的探索，我反而觉得自己才刚刚开始学习如何说话。面对这本书中所提到的练习和观点，你得用一个武术行家所说的"初学者的头脑"来学习。这是一种很好的学习状态，它带给你的新鲜感和好奇心甚至可以让你从另一种角度去体验你认为已经知道的事情。

摄影师塞西尔·比顿（Cecil Beaton）曾说："魔法无须见光。"在家里尝试这些练习，直到你能够舒适并且自然地使用各种技巧，然后再把它们用到公共场合。你不需要和任何人说起这些，时机成熟，人们自然会注意到。

读完这本书之后，当你有5分钟的时间时——可能是在一天的开始、某次会面之前，或是在你备感焦虑的时刻——你确切地知道在这段时间里该做些什么来帮助自己信心十足地讲话，如果能够做到这一点，我认为这就是阅读本书的收获所在。

我讨厌"公众演讲"这个说法

这可能会让你感到惊讶,但我不希望使用"公众演讲"这个表达。这让一些本来非常正常的事情——说话、聊天——听起来让人感觉非常不自然,令人发愁。语言自有其力量,我想让你感觉到在众人面前发言只是你每天说话的一部分。我们不会说"公众舞蹈""公众演奏"和"公众歌唱",对吧?那我们能不能把"公众演讲"这个说法丢进101号[1]房间,让它不再见天日,并同意从现在起称之为"讲话",甚至"聊天"?别再认为在公开场合发言就是要站在讲台上,更糟糕的是站在演讲桌后面一本正经的模样,这样的发言形式会扼杀一切优秀的演说。

---

1 "101号房间"出自英国作家乔治·奥威尔(George Orwell)的小说《一九八四》,是一间隐藏着每个人内心最恐惧的事物的酷刑室。

第一章

你身体里那个不可思议的"乐器"：
声音是如何工作的

声音：发自膝盖后部一直到达头顶上面的东西。

——菲利普·罗斯（Philip Roth），
《鬼作家》（*The Ghost Writer*）（1979）

你已经知道了如何充满自信地讲话。生活中会有这样一些时刻，当你与信任的人在一起时，说起话来就会完全放松并且信心满满。我相信，如果你能在这些时刻找到自己的声音，你就能在任何情况下找到它。

找到声音的第一步是了解你的发声器官是如何工作的。在这一章，我们处于马斯洛需求层次理论的第一级——生理需求，这是一切的基础，或者说是"根"。我要带你探索你身体里那个不可思议的"乐器"，发现隐藏的力量。用导演兼剧作家彼得·布鲁克（Peter Brook）的话说，当你明白了声音是如何工作的，你就会发现，在我们"身心的大抽屉"（drawers in the self）里装满了自信讲话所需要的一切。在一次 TEDx 演讲中，我做了一个巨大的人体形状的抽屉柜，用来形象化地展示我们体内所蕴含的这种力量，我把这个大抽屉柜叫作"大Ted"（Big Ted）。[1]当你搞明白了自己的声音是如何产生的，你将会意识到：

- 演讲可以很简单。
- 作为一名演讲者你不必紧张，因为你知道如何利用横膈膜使气息聚集起来。
- 你不需要别人来告诉你"大点儿声！"因为你的深层核心肌肉会让你发出洪亮的声音。
- 当你被绕口的词语困住时，你知道该如何清晰地吐字发音。

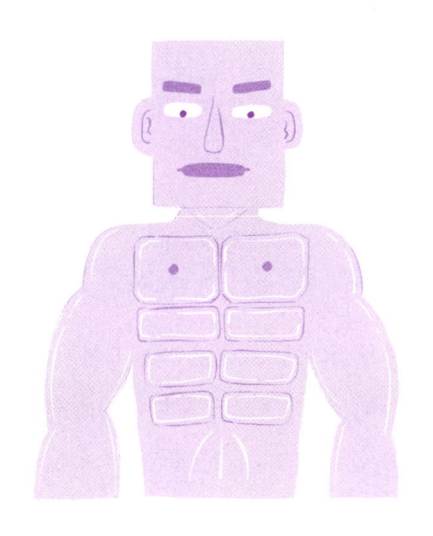

让我们一起来参观并了解你身体里这个神奇的"乐器"和它的各个零部件吧，在接下来的每一章中你都会用到这些知识。当然，在阅读之后章节的过程中，如果你需要重温这部分内容，也可以随时翻看查阅。

))) 你的声音是如何工作的

在我的 TEDx 演讲中,我从"大 Ted"其中的一个抽屉里拿出一把小吉他,用它来比喻我们体内的发声器官,同时解释这些器官是如何运作的。我觉得这是一个很不错的方法:吉他有弦,演奏者拨动琴弦,琴身共鸣发出声音。你体内的发声"乐器"也有类似的结构:它有弦——你的声带;有一双拨动琴弦的手——由身体肌肉带动,从肺里流出来的空气/气息;有一个共鸣器——你的身体。人体发声的原理和吉他的发声原理有点像。空气从肺部流出,拨动声带这根弦,引起振动,然后身体产生共鸣,声音由此产生。除此之外,关于讲话,最后一步是无法用吉他来比喻的,那就是讲话需要相应的肌肉,也就是发声器官来塑造它。

在本节中,我将带你浏览身体"乐器"的主要组成部分:

- 弦——你的声带
- 拨动琴弦的"手"——你的呼吸
- 共鸣器——你的身体
- 发声器——你的嘴唇和舌头,辅以放松的下巴和充满活力的面部肌肉

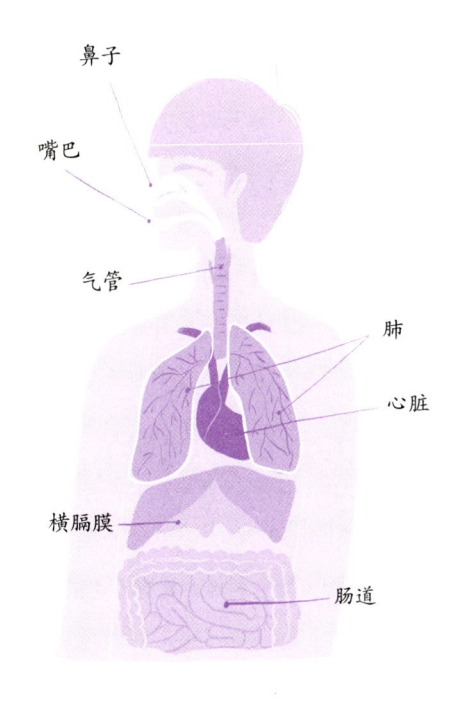

鼻子
嘴巴
气管
肺
心脏
横膈膜
肠道

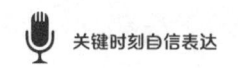

将"乐器"中的各个零部件拆开讲是为了让你了解其内部结构,从而知道如何调整身体以应对压力。有时候,你只需要做一件小事就会发生改变,而只有当你了解了身体内部发声器官的每个部分是如何独立工作的,你才知道如何做。

关于自信表达的惊人秘密

讲话可以是一件轻松的事情。了解身体里的这个"乐器",你就能在讲话的时候平静下来,其中的关键是呼吸。声音与呼吸密不可分,呼吸也是调节神经系统的万能钥匙。神经科学家安东尼奥·达马西奥(Antonio Damasio)解释说:"尽管我们在阻止情绪发生方面和防止打喷嚏一样收效甚微,但神经系统中有一个区域我们是可以控制的,那就是呼吸。虽然我们对自身神经系统的控制力极其有限,但呼吸是一个例外,我们可以通过行为来控制呼吸,因为自主呼吸和演讲、唱歌时的主动发声所使用的是相同的身体器官。"[2]

呼吸让我们得以生存,也让我们开口讲话。当你意识到声音是如何工作的,特别是发声与呼吸之间是如何相互作用的,你就会对自身的神经系统有更为深入的认知。

琴弦：你的声带

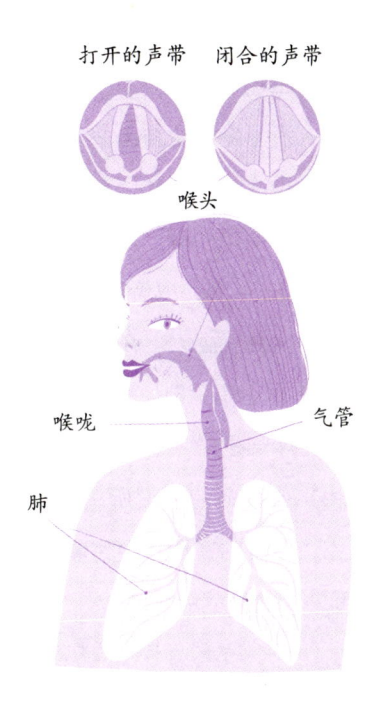

打开的声带　闭合的声带

喉头

喉咙

气管

肺

让我们从身体里那个不可思议的"乐器"中的琴弦聊起。所有的声音都来自气压变化。如果想要让你的"乐器"发出声音，需要拨动"琴弦"来引起空气中压力的变化。你的声带就是由肌肉组成的"琴弦"，它是喉软骨内的肌肉系统，而气压则是拨动琴弦的工具。与正常呼吸相比，你需要更多的力量才能发出声音。

那么，空气压力的变化是如何导致发声的呢？当我们说话时，空气从肺部流出，声带以最快的速度不断闭合、打开，由此产生振动。你可以想象自己在用手挤一个充满气体的气球，充气口张开，空气被挤了出来从而发出声音，这个过程可以帮助我们了解声带和气压是如何工作的。空气从肺部流出迫使原本闭合的声带打开，而下降的压力又会使声带闭合，然后来自肺部的空气迫使声带再次打开。呼出的气体在向外流动的过程中碰到声带，空气压力使得声带迅速打开、闭合，从而产生振动，这个振动就是你的声音。声音的音量取决于气压的变化——气压变化越大，声音就越大。在视频网站上搜索"用声带唱歌"，你会找到很多展示唱歌时，喉咙状态以及声带如何作用的视频，这些视频值得一看。[3]

你声音的音调由声带收紧的程度所决定。如果声带放松，处于未被拉伸的状态，声音的音调就会比较低；如果声带被拉伸变长，处于紧绷状态，音调就会变高。

试试这个：找到声带的位置

我想让你了解自己的声带，这样你就知道该如何照顾好它们。本质上来讲，不要用喉咙使劲，而要让身体成为发声的动力来源，这样声音才会更容易打开。试试以下方法，它们将帮助你了解声音是如何工作的。

1. 像你在医生那里检查喉咙时那样说"啊"（aaa，这是一个典型的开放式发音）。把一只手放在喉咙上（你能感觉到的是位于喉咙前部的甲状软骨，你感觉不到声带本身）。当你说"啊"的时候可以感觉到声带在振动，这是浊音。

2. 现在说"ssh""sss"或"fff"，这时喉咙没有振动，声音是由舌头和口腔顶部或者嘴唇和牙齿之间的摩擦产生的，这是清音。

3. 如果你用一个很高的音说"哎"（iii），你的声带就会拉伸变细，就像一根拉长的橡皮筋。如果你用低沉的声音说"哦"（ooo），声带就会变得更厚，减少拉伸，就像一根松弛的橡皮筋。

4. 现在看看你能不能找到一个尽可能低的声音说"哈（haa）"。放轻松，此时你的声带正处于最放松的状态。当你这样做时，你可能会感觉到喉头向下移动。

5. 最后试着说"咪"（mee）或"嘿"（hee），从最高音滑到最低音。如果把手指放在喉头部位，你可能会感觉到它在高音时向上移动，在低音时向下移动。如果你把一只手放在头顶，一只手放在肚子上，你可能会注意到高音在头部嗡嗡作响，而低音则会在身体里产生共鸣。你能感觉到声带的振动对整个身体都有影响。

拨动琴弦的"手":你呼出的气体

装满空气/呼吸的罐子,来自我的TEDx演讲

空气,确切地说是你呼出的气体,是拨动声音之弦的那只"手"。我们一般在呼气时说话。说起来奇怪,但我们确实很少考虑声音是如何产生的,以至于大多数人需要提醒才能够注意到这一点。现在我们来做个试验,把你的手放在嘴巴前面,然后从星期一数到星期天。用手感觉说话时吐出的气体,它是在向外流动,对吧?现在,试试在吸气的时候说话,是不是很困难?不过据我所知,有两个例外:南非的科萨人和津巴布韦人说话时会发出吸入空气的咔嗒声,挪威人则会为了语气效果用吸气的方式发"呀"(Ja)。我相信还有更多——如果你还知道这种情况请告诉我。

呼吸的"波浪"

在你睡觉时，你的身体会自动呼吸，它根本不需要任何有意识的指令输入。因此我们可以推断出，身体很擅长在没有任何帮助的情况下完成呼吸这项工作。而你干涉的越少越好，这样才能让呼吸自己发挥作用。对大多数人而言，当他们面对观众讲话时最容易出现的问题是用力过度，失去了自然的放松状态，反而变得紧张并且语速过快。

如果太过用力，你体内的"乐器"就无法正常工作。呼吸具有如潮汐般的力量，当你了解了这股力量，你体内"乐器"工作的效果才会更好。除去人为的干涉，你的身体会自然产生反射性呼吸，想想当你睡着时，你的身体是如何有效地保持呼吸的。放松下来，呼吸自然而然就会发生。

如果你想搞明白自己是怎么呼吸的，试试这个练习。在脑海中想象自己来到了一片海滩上，想象它的风景、海水的味道，还有双脚踩在沙滩上的感觉。想象海浪涌上沙滩又退去，将注意力集中在海浪的节奏上。海浪涌上来——稍作停留——退去——稍作停留，这是海浪冲刷沙滩的节奏。如果你放松下来并观察自己的呼吸，你就会注意到它也在不断重复同样的节奏。呼吸和潮汐一样富有节奏，随着呼吸，空气如潮水般涌入身体再涌出。你身体的所有运作都基于这股力量，从早到晚，周而复始。呼吸无时无刻不在进行，你的肺和心脏不断膨胀、收缩。当你找到呼吸的节奏，你就可以利用它的能量来为声音赋能。并且，呼吸的能量是一种高度可再生的能量。

呼吸自有其规律，如果你可以放松下来，顺其自然便能体会到其中的规律。请相信自己的身体，它知道该如何保持气息的通畅。你只需要在呼气时稍加注意，然后放松，让身体自然地以吸气接替呼气，这期间无须任何刻意的动作，身体有一种自然反射可以察觉到何时需要氧气并提醒自己呼吸。而对于到底是用鼻子还是用嘴巴呼吸，我们不必太纠结。

在呼吸的过程中，留意气体在呼出后和下一次吸入前短暂停顿的时刻，对我们的身体来说，这是一个相当美妙的时刻。空气从肺部流出，身体在呼与吸这两种力量的交汇中处于休息状态（吸入和呼出的力量会相互抵消）。此刻没有呼吸运动，身体可以停下来并完全放松。如果你在入睡前需要一些帮助让自己松弛下来，不妨试着慢慢呼气一直到气体被完全排出体外，然后静静等待，让吸气的动作自然发生。你的身体在这个过程中会开始放松。就像声音指导师克里斯汀·林克莱特（Kristin Linklater）所说："感觉有一股气息想要再次进入身体，你所要做的就是满足这种需求，任它发生……让空气流动引领你的呼吸。"[4]

试试这个：感受反射性呼吸

你可以站着或者坐着，把一只手放在腹部，双脚踩在地板上，将注意力代入体内，关注你的肺、肋骨和腹部的肌肉。

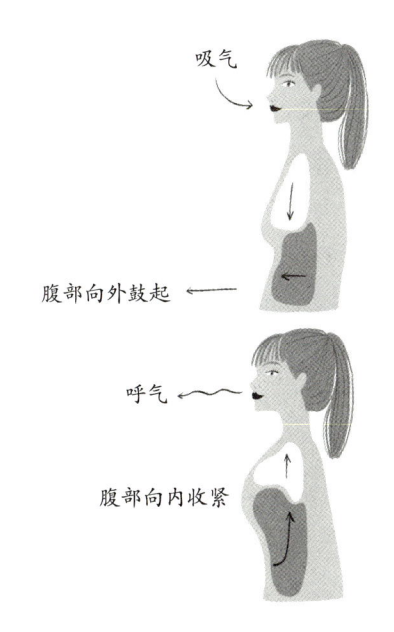

吸气

腹部向外鼓起

呼气

腹部向内收紧

1. 像吹蜡烛一样向外呼气。感觉你的腹部向脊柱方向靠近，两侧肋骨像提篮上的两个把手一样向内收紧。随着呼气，肺部将空气排出体外（无论如何肺里总会留有些许气体）。
2. 等待放松的那一刻，在等待的过程中，你的身体自然而然就知道什么时候该吸气（就像你熟睡时那样）。

3. 当身体做好吸气准备，感觉气息的流入是如何变得低沉而宽广，同时腹部远离脊柱（想象一个逐渐膨胀的气球将躯干、腹部前侧、侧肋和肋骨后侧撑开）。空气经过鼻腔和鼻窦的过滤进入身体，然后沿着喉咙和气管向下流动。肋骨向外张开，肺部扩张将气息带入体内。接着，空气沿肺部支气管进入肺泡小叶（气囊），然后将氧气输送到血液中去。吸气时横膈膜下降，推动肠道向下移动。

4. 然后再像吹蜡烛一样把气吹出去。感觉腹部向脊椎方向挤压，气息向外流动，胸腔和肺恢复原有的形状。随着空气流出体外，横膈膜再次向上移动，排出血液中的二氧化碳。

5. 现在你大概了解了这些深层肌肉是如何运动的，你在说话的时候能感觉到它们吗？试着大声地从星期一数到星期天，感觉当你吸气时腹部是如何远离脊柱，而当你说话时，腹部又是如何贴近脊柱的。

你的日常呼吸

在日常生活中留意你的呼吸、自信心和声音之间的联系。当你处于压力状态，感觉紧张时，觉察呼吸是如何锁定在身体的上半部分，你的思考又是如何变得越来越快，人也更焦虑的。此时，你可以通过调整气息来改变自己的思想和情绪。试着让气息变得低沉而宽广，我称这种呼吸方式为"金字塔式呼吸"——底部比顶部宽。当你这么做时，注意说话的声音是否有变化，你整个人有没有变得更放松、更自信？自信心是有效利用声音力量的关键，值得你去持续关注。

找到你的能量来源：横膈膜

当谈论身体里那个让你发出声音的"乐器"时，我们需要明白，横膈膜是真正的能量来源。琴弦需要拨动才能发出声音，讲话也一样，需要有力的"拨动"。但一个很重要的事实是肺部没有肌肉，肺能够容纳气体，但是如果想要将气体排出体外就需要给它一点辅助，肺本身是不能呼吸的，它需要肋骨之间的横膈膜和肋间肌来为气息的流入创造空间，并在气息流出身体

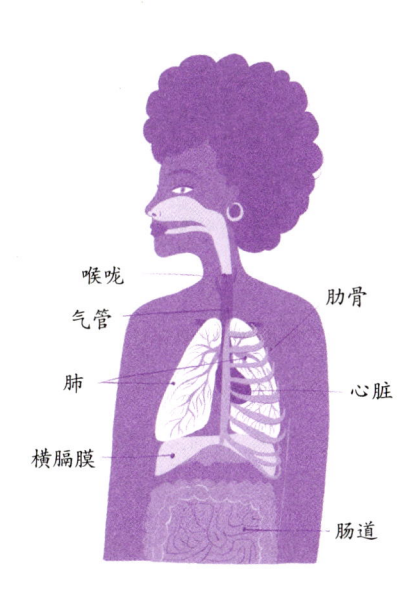

时提供支持。

有一个说法是"用横膈膜说话",这个建议不错,但是乍听起来似乎让人有点摸不着头脑。记得第一次听到这个说法时,我是这么想的——"这听起来很棒,但他们说的到底是什么意思呢?我要怎么找到横膈膜?它长什么样子?"

本质上讲,你的横膈膜是由两片穹顶型肌肉和一个中央腱膜组成的膜状肌肉。胸部的英文"thorax"在拉丁语中是盾牌的意思,其胸廓保护着横膈膜。横膈膜之上是胸腔,即由胸廓与横膈膜围成的空腔。横膈膜上方是心脏和肺,下方是你的消化系统。尽管横膈膜隐藏在心脏和肺的下方,但如果你把手指放在胸廓前部胸骨的底端,你就能隐约感觉到横膈膜前侧的连接点。如果你在胸骨下方找到了这个点,可以轻轻地把拇指推进去一点感受一下它的存在(如果你戴文胸的话,横膈膜就在文胸下面的位置)。横膈膜紧贴在两侧下肋骨处一直连接到腰部,你可以用手指沿着这个位置摸摸看。

我喜欢简·霍尔(Jean Hall)在她的书《呼吸》(*Breathe*)中对横膈膜运动的描述:

> 像一只水母,它的触手向下延伸着。想象水母圆顶形的伞状体张开、扩大,然后闭合、缩小,以此推动自己在水中向上移动,我们的横膈膜也以类似的方式运动:当我们吸气时,膈肌脚收缩,将横膈膜向下拉向骨盆,这为肺部扩张提供了空间,腹部同时向外

膨胀；当我们呼气时，膈肌脚放松，横膈膜向上浮动回到原位，贴在肺部表面，这个过程将气体排出体外，腹部随之向内凹陷。[5]

横膈膜的上下运动启动腹式呼吸，当你采用这种呼吸方式时，你会感到整个人从里到外是联结在一起的。你会发现身体的移动、说话还有思考以一种整合的方式在平静地进行着，这使刻意而为的身体语言变得多余，比如，讲话时手该摆在哪里。你的整个身心系统是作为一个整体而运作的，你不必再为其中的某个零部件操心，你会开始理解自己身体的各个部分只有作为一个完整的系统才能真正有效地工作。如何使用身体语言只是其中很小的一部分，只有触及事物的核心才能使整个身心系统得到有机统一，而触及核心的方法就是通过横膈膜。这也是为什么古希腊人称这组强大的双圆顶膜状肌肉为"人类所有自我表达可能性的统一体"。

水母呼吸法

下面我要介绍一个简单实用的练习，无论你在家，在通勤途中，还是在等待一场即将开始的会议，只要有几分钟的空闲时间，你就可以做这个练习。实际上，只要你有空，你可以在任何时间、任何地点做这个练习。我相信你一定能够找到合适的时机。

采用腹式呼吸有诸多好处。它能让人身心平静,让声音集中。从这个意义上讲,腹式呼吸是让人们自信讲话的终极练习,因为横膈膜是建立自信的关键。这个练习可以帮助你随时随地启动横膈膜。

1. 想象你的体内有一只水母,吸气时,它顺着空气流向下游,当空气排出体外时,它又顺流向上游动。
2. 吸气时,感觉肋骨向后摆动(借助椅背可以帮你加深感受,或者你可以把手放在肋骨上),让气息安静地通过鼻腔进入身体,感觉背部肋骨向外展开,让空气流到肺部最深处。注意我们之前提到过的呼与吸之间的短暂停顿——气息流入,身体稍作等待,然后气息又流出体外。你无须做任何事情,

只要等待并观察气息是如何流动以及身体的反应。
3. 相信你的身体会呼吸，相信你体内自动运转的这套系统。因此，让空气自由流动吧，你可以闭上嘴巴让空气通过鼻子进出，或者轻轻分开双唇，这样空气也可以从你的嘴巴进出。选择最能够令你放松的方式，让呼吸慢慢变得柔顺。如果在这个过程中你感觉很费力，不妨提醒自己，当你沉睡时反而是身体自动运行的最佳时段，所以，你越少干预，身体自动运行的效果就越好。相信自己的身体，让它去做最擅长的事情，我们只需要放松、观察并感受气息的流动就可以了。
4. 在尝试了几分钟的水母呼吸法之后，将一根手指放在身体前侧肋骨分开的地方，找到横膈膜的位置摸一摸，注意横膈膜的连接点是如何变软的。

记住这种呼吸状态并把它运用在生活中，它可以提醒你，低沉而宽广地呼吸，将气息带入下肋骨的位置而不是浅浅地停留在上胸部。

让气息引领你的思考和情绪

我们在呼气时说话，在吸气时思考，通过呼与吸之间停顿的片刻积蓄能量。这个过程如果做得好的话，听众是无法察觉的，因为他们会沉浸在对刚才所说话语的思考中，而没有精力去注意这些。罗马人深谙这一点，这就是为什么英语中"灵感"一词来源于拉丁语词根"spirare"，意思是"呼吸"。

用美国黑人作家马娅·安杰卢（Maya Angelou）的话说，当你用横膈膜呼吸时你会"为语言注入灵魂"。心脏和横膈膜彼此紧密相连，研究表明，横膈膜运动可以为心脏提供"按摩"，有利于心脏健康，甚至可以减少心脏病的发作。[6]我们的心与声是紧密联系在一起的，这种联系一直延伸到语言中：当我们"发自内心地说话"时，我们的气息也是专注的，此时的我们常常会使用横膈膜呼吸。那些在演讲中倾注感情与智慧的演讲者，他们的发言往往也是从这个情感中心出发展开的。作为听众，我们不仅仅会记住演讲者所说的话，我们同样会记得他们带给我们的感受，因为这些感受发自演讲者的内心。这种情感传递正是我们这个时代所缺少的，它所体现的是亲密感、脆弱感和完整的人类，而不是一个封闭的模板。在数字时代，开放、从容、富有表现力是任何一位优秀的演讲者都必须具有的品质，或者说是能量。想要激发这些能量，最有效的方法就是放松身体，让横膈膜像水母一样自由移动，这样你就可以与自己内心的感受产生联结，同时让你的声音以正确的方式向听众表达这些感受。

科学已经证明情绪与呼吸模式之间存在联系。2002年的一项研究显示，不同的情绪与特定的呼吸方式有关。[7]研究人员发现，横膈膜在不同的情绪状态下会有不同的反应。悲痛、伤心和担忧等消极情绪会导致横膈膜活动减少，气息停留在上胸部辅助肌区域，呼吸变得短促且不规则。而愉快的情绪，比如，幸福和喜悦，会增加横膈膜的活动。面部表情也能帮忙，微笑和愉快的呼吸相配合会产生一种强大的说服力（我们都见过某些人脸上挂着"祝你今天开心"的微笑，但是从他的气息里感觉不到任何关于开心的信息，这种情况下我们很难被说服）。

和谐关系的建立也与横膈膜有关——当你与他人心灵相通时，你的横膈膜会对此做出反应。这就是为什么当某些人专注当下，用心倾听的时候，他们的声音听起来如音乐般自然流畅。当你能够感同身受地聆听别人说话，你的呼吸与他们同步。这种气息相通的状态会让你的演讲具有一种强大的力量，与对方产生情感上的联结。同样，对方的声音与你的声音也是同频的，因为他们也在感受你的呼吸。如果某个人在与你交谈时脑子里想的是其他人或者他只是在自言自语，感觉是很不一样的，他的声音会呈现出非常不同的质感。即使讲话的人表情丰富、技巧出众，他以为这些就是你想看到的，但他的声音却始终无法触及你的心。因为看不到你的存在，他的声音听起来毫无生气，既假惺惺又干巴巴。所以千万别假装，要真心实意地去表达，不仅用你的耳朵还要用你的身体、你的呼吸和你的心去倾听对方。倾听会让你平静下来，这样你才能充满自信地和对方讲话。

当我们还是孩子时，使用横膈膜呼吸是一件很自然的事情，但随着时间流逝，这件事被慢慢遗忘。所以，想要练就一副好声音，你要做的第一件事就是在说话时重新学会使用横膈膜呼吸，它将改变你的声音，帮你找到自信。本节的最后一个练习将帮助你启动横膈膜并充分发挥它的力量，当你下次说话时，你就可以将这种感觉代入其中。

试试这个：在横膈膜的位置施加重量

这项练习对我而言非常重要，甚至可以说它改变了我的生命，我强烈建议你也试试。如果你在夜间常常感到难以轻松入眠，这个练习将会非常适合你。

我曾感到一头雾水，搞不清自己的横膈膜到底长在哪里以及该如何用它呼吸，我发现那些练习普拉提、瑜伽和武术的人对此很有经验，也许我可以从他们身上取取经。瑜伽老师布莱恩为我提供了很多帮助，他指出我在呼吸时把气息过度集中在了胸部和肩膀，他让我平躺下来并将一个小哑铃放在我横膈膜的位置，这一招立马扫清了我的困惑。在横膈膜的位置施加重量是瑜伽练习中常用的一种方法。吸气时气息推动腹部向上与重物所产生的重力相对抗，在这个过程中你会清晰地感受到横膈膜的运动。这种感觉一旦在你体内建立起来，你可以随时随地将其唤醒。

你需要两本书，一本枕在脑袋下面以保证平躺时你的脊柱能够保持一条直线，另一本（最好是有点重量的）书放在肚子上，这样你就可以感受到横膈膜的上下移动。

在练习时感到困倦是正常的，因为你的身体系统已经习惯了在清醒的时候使用胸部呼吸，只有在睡着的时候才会用横膈膜呼吸。多多练习，让你的身体习惯新的呼吸方式，这样下次你再使用腹式呼吸的时候就能够保持清醒了。

1. 平躺时拿一本书枕在脑袋下面，你可以屈膝、双脚着地与骨盆同宽、两个膝盖向中间靠拢，或者你也可以把小腿和脚放在椅子上（这个姿势可以释放下背部的压力，让人感到放松）。
2. 再拿一本有点重量的书放在肚子上。
3. 感觉头部的重量向下沉。
4. 眼睛放松，感觉眼皮越来越沉，或许你想要闭上双眼。

5. 让骨骼支撑你的身体，感觉肌肉慢慢放松，像"掉"在地上一样。
6. 拉长背部，伸展双肩，在释放颈部压力的同时，放松你的眼睛。我常说一句话："眼睛放松，横膈膜舒展。"
7. 呼吸。想一想我们之前讲过的反射性呼吸。呼吸像波浪一样富有节奏，你只要顺其自然，气息就可以轻松地向外流动，然后，身体在等待吸气时有一个短暂的停顿，紧接着，气息会自动流入体内。把书放在肚子上就是为了让这个运动过程更加明显。吸气时，你可以感觉到书向上移动；呼气时，书又慢慢落下来，在呼吸的间隙，书随着身体静止不动，这个过程不断重复。借助书你可以感受到自己的横膈膜是如何工作的，这将在很大程度上帮助你将发声与横膈膜运动联系起来。在书向脊柱方向回落的过程中试着从周一数到周日，然后停下来，在下一次说话前让书随着吸气向上移动。

你也可以坐着探索腹式呼吸，把一只手放在腹部，感觉呼吸时肚子上下起伏。如果你把后背靠在椅背上，你可以感觉到肋骨后侧在吸气时张开，好像在推椅背。定期练习，你会发现，每当需要开口讲话时你都可以借助横膈膜的力量为自己提供支持。你的声音将展现出充盈的力量，你的自信也将随之绽放。

共鸣器：你的身体

想用吉他演奏出美妙的音乐不仅需要有琴弦，有东西去拨动琴弦，还需要有共鸣器来发出声音。虽然我们呼吸时空气会在喉咙振动，但仅仅是振动还不足以让我们发声。好在你的头骨还有身体其他部位的骨骼构成了很多空腔，这些空腔是完美的共鸣器。声带发出声音，然后这些原始的声音在头部的空间里产生共鸣，这些空间被称为头腔。不只有头腔可以产生共鸣，咽腔也可以。咽腔在喉咙里，它好比吉他的琴体，但与吉他不同的是，你可以通过改变咽腔的形状来改变自己的声音（试试一边打哈欠一边说话）。

喉咙也不是全部。尽管大部分能够产生共鸣的身体部位在喉部以上，但身体的其他部分也能发出共鸣。我们常常能体会到一种被称为"交感共振"的共鸣——较低的音在胸腔振动称为胸腔共鸣，较高的音在头腔振动称为头腔共鸣。这种共振会给你的身体带来一种嗡嗡作响的舒适感。想想你喜欢听的那些声音，它们是不是都有一个共同点，就是能够在身体里产生令人放松、愉悦的嗡鸣感，好像你在用身体说话。一个人的音质是天生的，由共鸣器（喉、咽和软腭）的形状决定，而另一部分则受后天习惯的影响，比如，你从家庭和周围环境中习得的某些特定习惯。声音并不是一成不变的，因为发声的过程涉及众多身体器官，而这些器官都有可塑性。

找到一种轻松、能够充分体现个人声音特质的共鸣方式，人们才会听你讲话。多年来，研究人员对声音和选举之间的联系做了大量研究，最终发现人们更倾向于给那些声音低沉且富有磁性的候选人投票，这也解释了为什么撒切尔夫人以及其他历史上的众多政治家们都热衷于研究和塑造自己的声音。整个世界都对"低音炮"着迷，人们会强迫自己压着嗓子说话以便让声音听起来更可信，但实际上，我们真正想要听到的是自然流畅的声音而不是刻意假装的声音。所以，没有必要故意压低声调说话，最好是敞开你身体里的共鸣腔，创造更多的共鸣。只有当整个身体放松时，我们才能发出洪亮的声音。所以，我们如何做到这一点呢？

试试这个：打开你体内的共鸣器，发出响亮的声音

有两件事可以自然地让你体内的共鸣器打开——打哈欠和大笑，这两件事可以帮你把声音释放出来。无论是对我们的身体还是身体之外的世界来说，空间都有利于声音的形成，因为坚硬的物体表面会反射声波。想一想，我们在宽敞的浴室里说话是不是比在狭小的电梯里说话的声音效果好？让我们试一试：

1. 把嘴巴张得比平时大一些，在说话的时候感受后排牙齿间的空隙，保持这个空间。这个动作会产生更多的声音共鸣，因为你为它创造了空间。
2. 如果你想把声音打开得更多，试试打一个大大的哈欠或者大笑一下，这时你会感到牙齿和喉咙之间的空隙变大了。然后再试试捧腹大笑，是不是感觉你身体里的空间好像也扩大了？当你一边打哈欠一边说话的时候，声音很容易产生共鸣，那是因为打哈欠这个动作会让口腔后部的软腭自然抬起，在喉咙里创造出一个空间，声音在这里产生共鸣。
3. 现在，保持打哈欠的感觉说两句话，体会声音是如何释放出来并且变得更加圆润的。
4. 把手指轻轻放在锁骨上方气管的两侧，然后笑一笑或者打个哈欠，这时你会注意到，气管变宽了。
5. 保持现在的宽度然后说话，你的声音是不是听起来更加通

> 畅了？当你感到紧张时，想一想开怀大笑或者打哈欠的动作是如何帮助你打开声音的，记住这个状态，它可以让你更自信地讲话。

哈欠的力量

打哈欠是一个巧妙的开嗓方法，它会在喉咙的位置营造出一种自然的空间感。无论是在工作、社交聚会，还是在日常生活中，你都可以在说话之前先打个哈欠开开嗓。如果你可以同时伸一个大大的懒腰那就更好了，这会帮助你打开身体，感受到声音的空间，然后你需要做的就是对着这个你创造出来的空间说话。

口音和共鸣

不同的口音拥有不同的共鸣方式，人们在说话时发声的位置不同。学习不同的口音是探索共鸣作用的好方法。你可以试着模仿在电视上或者收音机里听到的不同方言，你会发现，你需要不断调整共鸣器官才能讲出不同的口音。

住在伦敦、利物浦或者纽约的人说话时，口腔内的软腭会更靠下，大部分空气顺着鼻腔向下流动，声音从鼻子底部传出。如果你想尝试一下相反的感觉，也就是软腭上提的感觉，你可以说"啊（aaa）"，此时你会感到位于口腔顶部的软腭向上提起，然后试着用英语说"How now brown cow（现在棕色的奶牛怎么样了）"，这些词的发音会在喉咙后部形成一个非常开阔的空间。这是一种非常老派的英语发音，其特点是采用开放的共鸣方式，使得声音圆润。

做自己声音的"音响师"

当你意识到自己的声音是如何在体内运作的，你就可以享受作为"音响师"的乐趣了——做自己声音的"音响师"。身体里有不同的发声区域，了解自己的声音可以让你有意识地使用不同的身体部位发声。头音是声音在头部共鸣，女高音在唱歌时通常会使用这种声音。胸音是声音在胸部共鸣，女低音常使用这种声音。还有一种是腹音，其音色低沉深重。对一名演讲者来说，如果你可以让声音在体内不同的空间自由移动，说明你已经可以很好地感知发声并控制自己的声音了，这是成为一名优秀"音响师"的必备条件。如果你想让自己的声音听起来更具权威感，你可以多使用腹腔共鸣；如果你希望听众与你产生更多的联结，你可以使用温暖、活泼的胸音；如果你想在

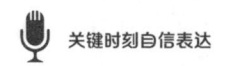

一屋子人里脱颖而出,那就使用鼻音来提高你说话的声调。当然,如果你不喜欢说话带鼻音也可以不用它。

1. 首先,用一个让你舒服的音调发"吗"音(maaa),像打哈欠一样把它呼出体外。现在我们要用手轻轻地拍身体不同部位,把声音从这些部位"拍"出来。你可以站着或者坐着来做这个动作。

2. 腹音:在发"吗"音的同时用手轻拍肚子和后腰,感觉声音在身体的深处嗡鸣。然后轻拍后背和两侧肋骨,感觉声音在骨骼间嗡嗡作响。慢慢向左右两侧转动上半身,看看你能不能把声音从身体里"扭"出来。在拍击和扭动身体的同时,感受声音是如何扎根在体内深处与身体紧紧相连的。身体的这些地方是你的力量来源,它们为声音的共鸣提供强有力的支撑。

3. 胸/心音:在说"吗"的时候像人猿泰山一样用手拍击胸口,你能感觉到声音在胸骨内嗡嗡振动吗?现在,在脑海里想你所爱之人,朝他/她微笑,然后一边轻拍胸口一边说"吗",感受声音在胸部回荡时温暖的感觉。如果你在演讲中需要这种感觉,试着用胸腔共鸣。

4. 头音:有些声音令人兴奋。做一个大大的微笑,说"咪"(meeee)或者"咪噫"(meeeeyy)。保持咧嘴笑,轻拍你的鼻窦和颅骨,你能感觉到这些明亮的声音围绕着头骨嗡嗡作响吗?这就是头腔共鸣的感觉。如果你需要能量那就从这里发音。

> 你可以通过使用鼻音或鼻腔共振来提高声音的清晰度。如果你像小孩子在游乐场玩耍时那样发出"nja nja"音（音似快速地读"你呀，你呀"），你可以感觉到声音在鼻子和鼻窦的位置产生共鸣。当你说"nja nja"的时候，用双手捂着鼻子，这时你可以轻微地感觉到声音在向前移动。这种发音方式让声音更具穿透力，能够投射到更大的空间里。如果你想要减轻鼻音，可以在说话时试着将上颚往上提，就像你在被医生检查喉咙时说"啊"那样。

吐字发音：塑造你的声音

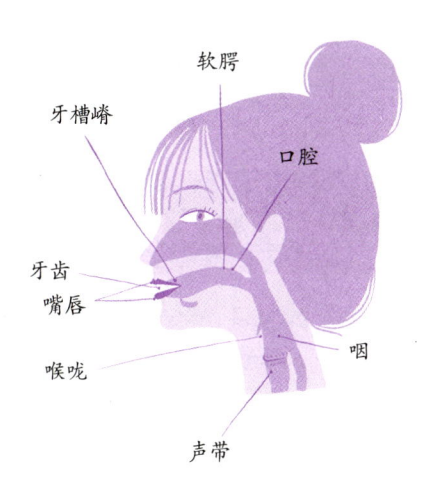

你已经了解了自己身体里的"乐器"是如何工作的,这会让你在需要讲话时更有掌控感。但这里还有最后一件事情需要考虑——发音。我们需要了解那些塑造我们声音的肌肉是如何工作的。

嘴唇和舌头是你的主要发音器官,在放松的下颚和充满活力的面部肌肉协助下。发音器官决定声音的形状和长短。它就像声音的肌肉,而强壮的声音肌肉可以让你听起来口齿清晰,思路敏捷。在讲话时口齿清晰很重要,因为这说明你有明确的思路,同时也表明你愿意清楚地表达自己的想法。清晰的发音与口音无关,无论你是否讲方言或者说话是否带有口音,你都可以做到字正腔圆,关键在于发达的声音肌肉,它会塑造你的声音。清晰的吐字发音赋予你能量,同时也会在很大程度上影响听众的注意力。

提高吐字发音的清晰度

如果你想放松肌肉,让自己在说话时听起来更加字正腔圆,最好的办法是给你的脸颊、下巴、嘴唇和舌头做一个温柔的热身。歌手和演员经常在表演前做类似的练习,你也可以每天早上在家做这个练习来唤醒自己。

1. 用手掌根沿着面颊两侧的下颚骨慢慢往下滑放松下巴。让下巴自然下垂，感觉上下后牙间的空隙。你的下巴越放松就越能好好说话，因为放松的下颚为声音创造了空间。

2. 接下来按摩一下你的嘴唇和脸颊。动动你的嘴，像马一样吹动你的嘴唇，然后想象自己在嚼一块口香糖，感受面部肌肉的运动。这些肌肉是让声音畅通无阻发出来的关键。说"哦"（ooo），感觉脸颊变窄，把声音推出去。再试试说"咦"（iii），感觉脸颊又变宽了。

3. 伸出舌头，感觉它在做伸展。试试转动舌尖，在空气里写下你的名字。

4. 说"吗吗吗，啪啪啪，吧吧吧"（mamama, papapa, bababa），感受你的嘴唇是如何塑造发音的。

5. 舌尖说"啦啦啦"（lalala），感觉你的舌头向上移动碰触口腔顶部。接着说"他他他"（tatata），再说"嗒嗒嗒"（dadada），感觉舌尖就在牙齿的后面。

6. 通过说"咔咔咔，嘎嘎嘎"（kakaka, gagaga）感受舌后部。

7. 说几句话，就像你的对面真的站着一位听众在听你讲话，你要尽力把每一个字音都发得非常饱满。

8. 恢复正常的讲话状态，在平时的基础上稍加一点肌肉力量。

　　清晰的口齿和有力的发音会让你更自信，同时创造出一种充满活力的能量让听众更愿意听你讲话。学会让每一个从你口中说出的词都为你所用这一点至关重要，它能让你真正拥有自己的声音，让你的表达更加真心实意。

))) 勇敢一点

声音是你活力的表达,但有时当众表现这种活力会让人感到无所适从。不过请记住,声音练得越多就会越好。走出舒适区并不容易,你需要一些勇气,但当你迈出第一步后,你很快就能看到改变,无论是你的声音还是你的自信心。我参加合唱团的经历就验证了这一点。

有很长一段时间,即使在我已经成为一名声音教练之后,我依然认为自己与唱歌这件事无缘。《好歌手》节目为合唱团试

镜,这些合唱团都有执照,一种唱歌的"许可",在这里,唱歌是一件需要"被许可"的事情。但是有一天,我听到一个本地合唱团的演唱,歌声中流淌着自然而丰盈的欢乐,团员们出于单纯的热爱聚在一起唱歌,发出全心全意的声音。听着他们的歌声,我有点热泪盈眶。这让我动了每周唱歌的心思,我意识到自己需要多一点的灵魂,我的生活需要更多音乐。一直以来我在等待别人的许可,让我成为一名"歌手",无论是在学校还是在其他地方。但是当我听到本地合唱团歌声的那一刻,我意识到,如果只是等待的话,可能永远没有尽头,我需要"许可"自己成为一名歌唱者,即使不完美也没关系。老天给了我声音,我需要做的就是克服自己的紧张,这听起来是不是有点熟悉?

幸运的是,加入本地合唱团不需要面试,唯一的要求是唱歌不跑调并且积极参加活动。我趁自己打退堂鼓之前赶快报了名。在第一节课之前,我满脑子都是消极的想法,紧张得要命,反复在想这样做会不会太冒险。我可能会被挑剔甚至被评判;我可能看起来傻里傻气,更糟糕的是我可能会被拒绝。唱歌不是我擅长的事情,但我允许自己放手一试。为了避免惊慌失措,我需要对自己进行训练以便掌握所有的声音基础知识,也就是我在这本书中与大家分享的知识。我必须在出发前就做好准备。

合唱团很接地气,而且比我想象的有趣。我们演唱了很多流行歌曲,包括 Killers 乐队、Fleetwood Mac 乐队和 Mumford & Sons 乐队的歌曲。我发现,放下焦虑让我获得了很多快乐。当我回到家时，整个人还沉浸在音乐中，Killers乐队的歌曲《所有这些我做过的事》一直在我脑海里回荡，仿佛平淡的生活被注入了灵魂。第二天早上醒来时，我的脑子里仍回响着优美的音乐。我发现唱歌对我大有裨益。

我现在成为一名歌手了吗？是的，并且我还在不断地学习。我比别人唱得好还是唱得差呢？这不重要。虽然偶尔我会有点偏执，认为自己是合唱团里视唱最差的那个，找不准调，高音也唱不上去，但这又不像职业合唱团容不得半点差错。当我放下自己的担忧，我意识到大家的声音是作为一个整体出现的，没有人会专门去听某一个人的声音，最重要的是当所有不同的声音融合在一起时所产生的和谐感觉——女低音、女高音、男高音、男低音，每个声音都有其特质，我们在一起创造出了一个全新的作品。作为个人，我唱得一般；但作为一个合唱团，我们很棒。

演讲和唱歌一样。你是一个演讲者，你正在学习如何说话。你要鼓起勇气迈出第一步，找到你自己的声音。要知道，你的声音用得越多，你就会变得越自信。

试试这个：唱歌
（在浴室、车里或是厨房！）

如果你只想每天花几分钟的时间来训练自己的声音，提升自信，这里有个简单的方法——唱歌。研究表明，唱歌可以刺激内啡肽的释放，缓解压力增强免疫系统。[8]它同时也是一个非常简单的为声音"充电"的方法。唱歌时，我们的自我通过声音得以自然而充分地表达。我希望你可以像小孩子一样抛掉不安和羞怯。我建议在这个练习中使用《生日快乐》歌，因为这首歌尽人皆知，不过你也可以选择自己喜欢的歌曲。如果你唱得不太熟练，你可以一边播放歌曲一边跟着唱，或者你也可以试着从哼唱开始。

1. 唱《生日快乐》歌。在开口唱之前先感受一下你是如何将空气吸入体内的。随着吸气，你的胸腔打开横膈膜下降，然后你一边唱歌一边慢慢呼气。在唱歌的过程中，注意你是如何很自然地变换各种音调的。

2. 有那么一刻，气息以低沉而宽广的方式流入体内，留意这一时刻。

   （1）祝你生日快乐

   （2）呼吸

   （3）祝你生日快乐

   （4）呼吸

   （5）祝[名字]生日快乐

（6）呼吸

（7）祝你生日快乐

3. 想要从唱歌过渡到讲话，你可以把刚唱过或哼过的歌词说出来。感受此时你声音所具有的轻松力量，注意你体内的能量是如何聚集，以及你的声音是如何被激发出来的。

你会注意到唱歌后，你的声音变了。想想唱歌时的能量，把这种能量（但不是音调！）带到你的演讲里。下一次在你需要充满自信地演讲之前，你可以用唱歌的方式来给自己的声音预热，让你的声音听起来更洪亮、更自信。你越是能够善用自己体内那个不可思议的"乐器"，你的声音就会越自信，这是一种简单、自然、发自内心的自信，当你感到身体舒适、声音流畅时这种自信油然而生。

))) 常见问题

Q：我为什么会失声？

A：声带是一台极其精密的仪器，如果你只是扯着嗓子使劲喊而没有启动呼气的深层力量，声带上就会出现肿块，这就好像长时间用力鼓掌手上会出现茧子一样，这些声带上的肿块会干扰声音的振动能力。如果你的声音嘶哑或出现漏气的情况导致你平时能唱准的音现在却唱不准了,或是在长时间使用声音后,你感到嗓子异常疼痛(不是因为身体不适而出现的疼痛),如果出现这些情况,你应该去看看医生。

任何人的声带都可能出现问题,不仅仅是从事表演工作的人和那些专业使用自己声音的人,比如教师等。但是你可以学会用不伤害声带的方式使用自己的声音。训练有素的语言治疗师可以为你提供有效的帮助,如果你担心自己在发声方面有问题,一定要寻求专业人士的支持。当我们让喉咙放松做好它自己的工作,并用呼吸来为发声提供动力的时候,我们的声音听起来会让人感觉更健康,更有力量。这里有三个保护声音的好习惯:

1. 选择合适的站姿。
2. 放松喉咙和下巴。
3. 找到体内深层的力量。

Q:为什么我在讲话时会磕巴?

A:语言肌群需要有意识地控制才能为我们工作。如果你发现自己被绕口的词困住,或者听众实在听不清你所说的话而不得不要求你重复时,有意识地做发音练习是非常有必要的(见第 56~57 页)。每天早上你只需花几分钟的时间就可以给自己的语言肌群做"热身",这可以让你的吐字更清晰,你也会因此感到更自信。

Q:如何拥有低沉而充满磁性的声音?

A:如果你想让自己的声音听起来更有厚度和质感,应该专注于提高身体在低音区共鸣的能力。找到这种能力最有效的方式是采用腹式呼吸而不是用嗓子使劲，这对你来说应该是一种简单而自然的发声方式。做腹式呼吸练习和姿势练习。在"哈欠的力量"和"做自己声音的'音响师'"这两部分提到的练习将帮助你打开声音，以你自己的方式发出这些动听的低音。

Q：如何让我的声音听起来更迷人？
A：当我们感到自己的声音平淡乏味，往往是身体僵硬导致的。如果可以的话，伸展一下你的四肢，花一两分钟散步，或者上下楼梯运动一下。唤醒你的面部和肢体，这时你会感觉能量回来了。如果你想在日常生活中解决声音平淡的问题，没有比唱歌更好的方法了。你可以在车里，在厨房，或者任何一个让你感到舒服的地方唱歌，这会帮助你快速打开声音，获得能量。

Q：为什么录制的声音听起来和我平时的声音不太一样？
A：你并不是唯一一个讨厌自己录制声音的人，人们甚至给这种厌恶起了一个名字——声音抵触。出现这种情况是因为我们用耳朵听到的声音和录制的声音并不匹配。耳鼓接收外部振动的声波让我们能够准确地听到自己声音的音调，同时，我们也会在颅骨内部听到这个声音。这种颅骨内部的振动带来一种低声嗡鸣的感觉，我们自己可以听到但是别人听不到。当我们在录音中听到自己的声音时会有一种感觉，好像声音将隐藏的自我暴露在外了，这让我们感到很脆弱。20世纪60年代的一项研究发现，当人们听自己录制的声音时会做出情绪化的反应,不仅因为录制声音听起来与他们预期的不同,还因为录制的声音以他们从未预料到的方式揭示了他们的感受和想法。[9]当你意识到声音是如何运作的,你就能更好地控制它。你对声音的控制越多,当你听到它的时候就会感觉越舒服,因为你知道,如果有你不喜欢自己的声音,你可以作为自己声音的"音响师"对其进行调整。

小结:声音小贴士

- 马斯洛需求层次理论的第一层是对生理的认识。我希望通过阅读本章内容,你现在能够很好地理解自己体内那个不可思议的"乐器"是如何工作的。
- 记住本章中关于声音的比喻,它就像一把吉他,你的声带是琴弦,呼吸是拨动琴弦的手,而你的身体就是共鸣器。学会使用呼吸,打开共鸣器,增强发音肌群的力量,这样,你就可以充满自信地演奏你那不可思议的"乐器"了。
- 练习可以使你的声音变得更好。像德摩斯梯尼一样,你可以通过信念和实践来克服障碍。找到你感兴趣的练习方式,每天抽出一点时间来不断地尝试。读完本章后如果你只想选择一件事情做,那么请你关注自己是如何呼吸以及如何思考的。给吸气多留一些空间，它会像燃料一样在你讲话时为发声提供动力。

- 唱歌可以帮助你找到自己的声音，并且是一件充满乐趣的事情。无论是参加合唱团、表演队还是演讲社团，释放你的好奇心，想一想你可以用自己的声音和别人一起做些什么。找一件对你来说有意义的事情，充分发挥声音的作用。在满足好奇心的过程中，注意你的自信是如何随着"发声"与日俱增的。

第二章

找到你的平静之源：
收获安全、联结与归属

当你处在恐惧或焦虑之中，一点点呼吸可以让你感到兴奋；如果你屏住呼吸，害怕的感觉会再次袭来。

——弗里茨·珀尔斯（Fritz Perls），心理治疗师你有没有想过，为什么你在和朋友聊天时可以滔滔不绝、自然大方，可下一秒当你被扔进一个令人不太舒服的场合时，这种游刃有余的感觉立马消失殆尽？不断攀升的压力会明显地反映在你讲话的状态上，而且你感到这些改变完全不受控制。你喉咙发紧，呼吸急促，心跳加速，声音发颤，连同手脚也不由自主地抖动起来。你感觉自己的一切都暴露在外。

许多人害怕甚至避免在聚光灯下讲话，因为缺乏控制的感觉让人感到不安。但我想让你明白的是，在这种情况下声音变得不正常，并非因为你是一个糟糕的演讲者。这种失常不会一直存在，和你是什么样的人更没有关系，这只是你的神经系统在面对它所认为的威胁时所做出的一种合理反应。如果你明白这种压力反应的产生原因以及应对方法，你就开始真正掌控自己的发言了。作为一名演讲者，这种控制感是找到自信的关键。

知道自己在任何场合——无论是在现场面对观众,还是在摄影棚里面对摄像机和麦克风——都可以信心十足地站在聚光灯下侃侃而谈,这是一种很美妙的感觉。跟不知所措、脸红心跳、喋喋不休还有讲话结巴说再见,也可以让处于紧张之中的你得到解脱。这就是本章我们要讲的重点,我将教你如何找到自己的平静之源。在压力之下保持镇定和放松是每个人拥有的潜在能力。平静之源会把你带到马斯洛需求层次理论的第二层——安全感,而安全感可以帮助你启动体内神经系统的特定部分,这部分神经系统会让你感觉到自己仿佛被朋友环绕着,由此进入马斯洛需求层级理论的第三层——联结和归属感。所以,对演讲者来说,找到自身的平静之源是提升自信水平的有效方法,因为它会带来安全感和联结感。

一旦找到自己的平静之源,别人也会感觉到,你将在众多口若悬河、急于自我表达的演讲者中脱颖而出。我们在观看和收听 TED 演讲、视频和播客时,不难发现,那些优秀的演讲者无不以从容、亲切并且轻松的方式讲话。即便是站在令人备感压力的聚光灯下,他们的发言听起来也像是和老朋友聊天一般。作为一名演讲者,当你找到自己的平静之源后也会拥有这些特质。现在你已经明白了自己体内的那个神奇的"乐器"是如何工作和发声的。讲话时,你就可以在一定程度上控制自己的神经系统了。你可以学着管理你的神经系统,让它随时随地感到安全并且充满自信。

- 让我们一起探讨一下，数字化会给我们的自信带来哪些负面影响。我想让你了解电子设备是如何影响你的神经系统的，以及它会给你的声音带来什么样的影响。
- 一起来看看，神经系统如何影响你在聚光灯下的演讲。我尤其想要向你介绍人体神经系统的两面——我称它们为"朋友"和"敌人"，二者会在你讲话的时候扮演不同的角色。我们还将一起学习如何调节神经系统，让它恢复平静，这样你就可以随时随地保持信心满满的状态。
- 你将学习如何在慌乱和注意力分散的情况下找到自己的平静之源，这样你就可以在当众发言时迅速恢复平静和自信。你会发现日常仪式非常有用，在讲话前什么都不做反而会让人获得更好的状态。

由关注带来的紧张感

受到他人关注是件非常有意思的事情。当你沉浸在被友人环绕的安全环境中，你会享受这种被人关注的美妙感觉；可是当你站上舞台，来自他人的关注就会让你变得不知所措、惊恐万状，甚至感到失控。我们通常很难在意识层面察觉到这种轻松和失控之间的"转换"，但这并不代表我们对此无能为力。知道如何在观众面前保持放松会为你赢得思考时间。你也会拥有更多空间,从而为观众呈现出一个从容不迫、状态极佳的你,而不是像过去那样浑身颤抖、焦虑不安。

如果用心探究,你会发现语言中常常暗含线索,以及答案。英语"attention"(关注)一词来源于拉丁语"ad"(趋向)和"tender"(伸展),其字面意思是向某处伸展。是不是很形象?所有观众的目光都紧盯着你,向你伸展。除了"关注",还有另外一个与我们有关,源于拉丁语"tender"(伸展)的词汇——"tension"(紧张)。当发觉自己被一屋子的人盯着看时,你一定会感到压抑和紧张,并且对此无能为力,只能在别人的凝视下呆若木鸡。演讲者的成功之处在于他们知道别人的关注会让自己紧张,但是他们已经学会坦然处之,将这些关注当作温暖、舒适并且具有支持性的拥抱,而不是把它们视为"死亡魔爪",为了不被其扼住喉咙而拼命反抗。

当你站在聚光灯下讲话时,或许也经历过"死亡魔爪"的摧残——突然成为一屋子人关注的焦点会把你压得喘不过气来,这种情况一点也不好玩。你的身体反应就好像你被袭击者紧紧抓住了一样,呼吸因为紧张而变得急促,语速越来越快,声音听起来干涩并且很不友好。结果观众也跟着你一起紧张,难以投入你的演讲中。与此同时,观众的反应又让你的处境变得更加糟糕。"死亡魔爪"造成了一个恶性循环,迫使你相信自己是一个糟糕的演讲者,没有任何理由再继续说下去。"死亡魔爪"还会阻止你练习演讲,让你在上台演讲的前一晚无法安然入睡,为"演讲是否足够吸引人""观众会怎么评价我""如果怯场该怎么办"这样的事情担忧焦虑。

那些高门大嗓、看起来"自信满满"的演讲者其实也有同样的恐惧。你或许见过这样的人，他们讲话大声，看起来似乎充满能量和张力，但是如果你仔细观察和聆听，就会在他们身上发现恐惧的影子：他们的声音僵硬且时断时续，在努力展现"自信"的时候显得有些用力过度，紧盯某处的眼神看起来也很呆板。如果我在视频里看到自己有类似的表现，我会从中学习。这些表现提醒我，我在开始讲话前没能很好地集中精力。观众可以敏锐地察觉到演讲者的状态，因为他们能够切实感受到演讲者所经历的压力以及为了缓解压力所做的尝试。不过，如果你对自己的神经系统有所了解，就可以避免在演讲时被他人的关注扼住喉咙。

当人们因为受到关注而惊慌失措的时候，他们不明白，站在聚光灯下实际上是一件可以让人感觉"很棒"的事情。在这一刻，与其紧绷身体做出一副防御姿态，倒不如敞开心扉，在想象中拥抱紧张感，将其视作一种能够激发你力量的感觉并欣然接受。这样做可以帮助你行动起来，勇敢发声，并把恐惧转化为能量、优雅甚至兴奋。一旦掌握了在聚光灯下保持冷静的诀窍，你就会拥有一种奇妙的、隐形的超能力，让别人惊叹于你是一个多么自然的演讲者。

当你找到内心的平静，惊慌失措的不适感和令人不安的紧张感就会被游刃有余、从容不迫的感觉取代，即使是面对成千上万的观众。所以，不要让自己成为一辆失控的列车，保持冷静,用谈话的语气和观众沟通,就像在和老朋友聊天一样。我希望你能从内心找到自信,这样无论周遭发生什么,你都可以在需要发言时回归本源,保持镇定。

想让那种一旦站在聚光灯下就好像受到攻击似的感觉成为过去,你需要了解,当你站在聚光灯下时,神经系统都发生了哪些改变。特别是身体里的那些小零件,它们对整个人的状态产生了怎样的影响。

))) 电子设备对神经系统的影响

> 目前,我们与电子设备之间的关系是一段既黑暗又充满曲折的故事,这个故事与慢性压力、自主神经系统以及呼吸受损有关。但是故事可以朝好的方向发展……我们需要唤醒科技的生理机能,培养一套与姿势和呼吸相关的新技能。
>
> ——琳达·斯通(Linda Stone),作家、演说家、顾问[1]

你是否留意过当代人的说话速度?你思考过原因吗?你有没有注意到,有时候你似乎能够平静而自信地讲话,有时候你却变成了一个慌乱、有点神经质、语速飞快的怪人?每当听到关于演讲的灾难故事，我问演讲者的第一个问题总是："临上台演讲时你在做什么？"根据人们的回答，我发现灾难的降临往往和手机有关。现在，大多数人任由自己的生活被电子设备操控。这些设备对我们的神经系统有很大的影响，因为声音与呼吸息息相关，它们同样会影响我们作为演讲者的表现。

颤抖的声音暴露了你正处于"敌人"系统的控制之下，此时的你面临着战斗或逃跑的选择。肾上腺素、皮质醇和血液一股脑地涌向神经系统中能帮助你做出战斗、躲藏、逃跑或者僵滞反应的部分。这些古老的恐惧处理系统能够很好地适应生存选择，但它们并不适用于演讲。我们已经知道，声音几乎会立刻反映出神经系统在处理恐惧时所发生的变化，所以很多人会把公开演讲和"敌人"系统联系在一起。即使只是想想讲台、聚光灯、演讲稿这些事情，也会让完全理智的人陷入战斗或逃跑状态。更糟糕的是，电子设备同样会把我们拖入这种状态。在演讲前不良的电子设备使用习惯会给你带来压力，它和面对观众时的恐惧形成了一个有害的组合，如果不加以控制，它们会从根本上扼杀你的自信。

你是否留意过，当查看手机短信时，自己的呼吸会发生怎样的变化？曾在苹果和微软两家公司担任高管的琳达·斯通注意到一个现象——她周围的人在盯着手机看的同时会屏住呼吸。她对此进行了调查，发现调查中80%的人在回复短信或邮件时会屏住呼吸或者呼吸变浅。[2]其他研究也发现了同样的规律。旧金山州立大学的埃里克·佩珀博士（Dr. Erik Peper）发现，实验参与者在低头发短信时颈部和肩部的肌肉会收紧，呼吸变得浅而急促。[3] 呼吸变浅会引发焦虑。基于对身体内发声"乐器"的了解，你或许会意识到，这种呼吸和情绪上的变化会削弱你作为演讲者的自信。

现在的主要问题是，我们的习惯正在迅速被改变，这对声音影响颇深，但我们没有完全跟上节奏。我们根本没有意识到电子设备在自己身上所施加的影响，致使声音常常处于意识雷达的扫描区域之外。对大多数人来说，站在聚光灯下演讲的最大挑战是如何管理我们的神经系统，它是我们保持冷静和自信的关键所在。我经常看到人们在演讲前忙忙碌碌——通常是忙着摆弄他们的电子设备——而不是静下心来关注当下。如果在开会前给大家5分钟的自由支配时间，你猜大家会做什么？压力之下，大多数人会选择拿出手机，从头到尾检查一遍要做的任务。这样做就是任由一大堆未经筛选的人和事进入头脑的意识之中，它们不停向大脑索取关注：催税单来了，老板好像刚走过去，太太留言让我下班帮忙取包裹，工作群里冒出一条让人感到棘手的消息，手机上跳出一个关于世界末日的新闻，还有一只跳舞的猫……毫无疑问，这些杂乱的信息会扰乱演讲者内心的平静，也会在很大程度上影响演讲者的说话方式。

一次，我的一位来访者准备在一场大型推销会上进行演讲，本来她已经完全做好准备，但是在进入会场的前几分钟，她不顾同事劝阻查看了手机，结果发现他们最近正在参与的一笔交易泡了汤。一阵压力袭来，她失去了专注思考的能力。她的肩膀开始绷紧，心跳开始加速，整个人被"战斗—逃跑"的状态控制。她的演讲也因此受到干扰，并立即发生了变化。她以极快的速度走进会场并开始讲话，声音尖锐、语速飞快，并且杂乱无章。她从容和镇定的感觉消失得无影无踪。观众对她的演讲无动于衷，结果在这次推销中，她的团队再次输给了另一家公司。对这位来访者而言，在演讲前查看短信无疑是一个非常糟糕的举动。

以上这些关于手机和其他电子设备的观察结果看起来和吸烟有害健康一样显而易见。但是就像抽烟一样，我们已经对电子设备上瘾了。已故的加拿大哲学家马歇尔·麦克卢汉（Marshall McLuhan）在他的《理解媒介》（1964）一书中预言了我们对电子产品不健康的上瘾行为。在其中一章名为"小玩意爱好者——麻木性自恋"的章节中，麦克卢汉写道：

> 电力技术到来以后，在人的身体之外延伸出（或者说在体外建立了）另一个活生生的中枢神经系统模式。这一发展意味着一种拼死的、自杀性的自我解除，仿佛中枢神经系统已不再依附于人体器官并受其保护，而人体器官也不再充当中枢神经系统的缓冲装置。[4]

不知不觉中，我们实际上已经任由电子设备控制一切了。当我们把手机当作自我安慰的主要手段时就是在赌博，因为此时的我们已经不再能够控制自身的神经系统了。

当我们感到紧张时会很自然地想要寻求即时的心理安慰，最简单的方法之一就是看手机。然而手机的使用会让我们变得更难自控。我们越频繁地查看信息，清醒的意识就越少，对手机也会更上瘾。我们开始依赖手机分散注意力从而减轻紧张的感觉，但事实是，如果我们关掉手机，减少对紧张的关注，同时采取一些应对压力的措施，情况就会有所改善。所以，成为不堪重负的电子屏幕瘾君子并不是唯一的选择。我想鼓励你开始注意，手机是如何对你施加影响的。第一步，留意你在盯着电子设备时是如何呼吸的。

试试这个：你屏住呼吸了吗？

如果你怀疑电子设备对你的表现和说话方式有负面影响，这里有一些好消息。琳达·斯通在她的研究中发现，并不是每个人在盯着手机看的时候都会屏住呼吸或者使呼吸变浅。那些受过腹式呼吸训练的人——舞蹈家、音乐家、运动员、试飞员，他们在查看信息的时候并没有屏住呼吸。通过掌握调整呼吸的技巧，他们能够控制肾上腺素的水平，从而控制神经系统，让自己保持冷静。

琳达·斯通建议，为了让身体保持稳定，我们可以在使用电子设备时采取一种"有意识的运作"的态度——有意识地使用电子设备,当需要冷静和自信的时候就关掉他们。下次使用手机时,如果你注意到自己开始变得紧张,记得觉察一下呼吸。下面我们一起来尝试"有意识的运作"。

- 拿起手机浏览几条信息。你屏住呼吸了吗?你的呼吸变浅了吗?气息是否停留在上胸部和肩部的位置?这可能会触发"战斗—逃跑"反应模式。或者,你的呼吸像金字塔般深沉且宽广吗?如果是这样,那很好,因为这就是你想要的状态。
- 如果你的气息一直盘旋在胸部较高的位置,那么放下手机,把一只手放在胸部,另一只手放在腹部,看是否可以轻柔地推动气息沉入腹部和下肋骨处(如果你觉得把手放到背部的下肋骨处有帮助的话,也可以这么做)。

把这个练习变成一种习惯。无论什么时候盯着电子屏幕都要注意自己的呼吸。觉察是控制神经系统的第一步。

数字极简主义

下次在重要的会议或演讲前,如果你有 5 分钟的时间,不妨试试这样做:停止行动,清空头脑,不再忙着查看电子邮件、待办事项列表、社交媒体或者语音信箱。虽然从外部看，你似乎没有任何变化，但是在你的体内，系统正在减速。试试看，如果你对自己进行一次小小的干预会有怎样的效果，比如，询问自己，是否所有的忙碌都会妨碍你保持冷静、联结并且真正地专注会议。这样做或许可以帮助你在会议或演讲中取得成功。

我强烈反对使用电子设备做笔记，无论你是面对观众讲话还是自己作为观众在听别人讲话。每当有人对着手机或 iPad 朗读演讲稿时，我就感到沮丧，因为我知道这样的演讲必定是匆忙并且缺乏感情的，很难引起观众共鸣。远离电子屏幕可以大大增强你和其他人之间的联结，让你能够全身心地关注对方。此时，人们会感到自己被完全看到和听到，而你也能够真正地去倾听他们。

))) 你的管理系统——是"敌"是"友"？

> 我们所见并非事物本质，而是我们自己的样子。
>
> ——阿娜伊斯·宁（Anaïs Nin）

最近我正在帮助一位女士寻找声音。当她放缓气息，声音变得更放松之后，她说："整个屋子都感觉不一样了。"随着她的放松和对空间认识的改变，一同与她参与工作坊的人似乎也发生了变化。这些人突然间看起来没那么咄咄逼人、似乎变得更加友好了。这位女士已经从她的自主神经系统（ANS，大脑中的基本生存系统）的一部分切换到另一部分，从"敌人"系统转到"朋友"系统。（"敌人"和"朋友"是我给你的自主神经系统的两个分支系统起的名字）需要重点说明的是，"敌人"系统也有其积极的一面，它可以刺激你行动起来。不过根据我的咨询经验，公开演讲之所以成为公认的引发恐惧的导火索，原因就是它把很多人带入"敌人"系统的区域。

当我们面对观众讲话时，诺拉·埃夫龙（Nora Ephron）的名言值得谨记："最重要的是，你要成为生活的女主角，而不是受害者。"我注意到，很多焦虑的演讲者都觉得自己像受害者，受到观众和环境的摆布。但事实并非如此，你可以控制自己的神经系统，你是英雄而非受害者，因为你可以在聚光灯下充满平静并且让一切尽在掌控之中，在这里你会感到安全并且与人联结。学会控制神经系统，让它从恐慌转向平静，你就可以做到这一切。

身体系统是"敌"是"友"？几千年来，这都是一个古老的问题。"敌人"使你的神经系统活跃起来，进入"战斗—逃跑"的状态；而"朋友"则允许系统减速，以便让它得到休息或消化接收到的信息。在我们的生活中，神经系统以一种自我平衡的方式工作，根据接收到的信息时刻保持平衡。当然，我们时不时会需要一点肾上腺素来让自己兴奋起来，但我们可不想兴奋过头，在需要开口讲话时完全陷入"战斗—逃跑"的状态，这会让人感到筋疲力尽，对观众来说也是一种负担。如果想要以冷静、自信的态度讲话，你应该把观众视为老朋友而不是敌人，这样做将使你从中获益。

管理神经系统要从觉察开始。首先，你要能够辨别自主神经系统（ANS）的哪一部分正处于主导（我们将在第84~90页详细探讨这两个系统）。然后，你需要知道如何以冷静、非戏剧性的方式切换系统（这点我们会在第90~91页讲到）。你已经了解了"敌人"系统和"朋友"系统之间的区别，尽管你可能还未有意识地思考过。想想那些一大清早就被起床气笼罩的日子，这就是典型的被你的神经系统认定为"敌对"的例子。你可能之前经历过一场争吵，或是收到了令你不安的短信或邮件。在开放式办公空间里被很多双眼睛盯着，嘈杂的城市里到处是粗鲁的司机，城市街道让人难以行走，通勤道路拥挤不堪，还有焦急地赶着去见别人——这些都会被意识雷达捕获，让我们不由得紧张起来，开启高度紧张的防御模式。当体内的"战斗—逃跑"模式启动，你就会感到焦虑不安。这时你的脑子里就像安装了一个过滤器，只能接收到与威胁有关的信息。那些在你感觉良好的日子里看起来很自然的面孔，现在看上去也显得怒气冲冲。和放松的状态相比，你的反应此时是防御性的。你可能会意识到自己的喉咙发紧，声音变得不安、扁平并且卡在喉咙里发不出来。身体会释放出肾上腺素以便逃跑，你会感到四肢颤抖，连同说话声也一起发颤。

不过幸运的是，你知道除了焦虑不安自己还有另外一面——在生活中游刃有余，可以和朋友轻松地聊天，潇洒自如地来往于各处。在没有起床气的日子你就是如此，而这些日子就是"友好"的日子。

以下这张表向你展示了自主神经系统的两个分支，根据表中描述你可以迅速识别"朋友"和"敌人"这两个系统。

	"朋友"	"敌人"
触发器	神经系统感知到安全、友善和联结。	神经系统感知到威胁（真实或想象的），并且集中精力准备应对。
大脑化学物质	乙酰胆碱。	皮质醇、肾上腺素。
心率	平静，心率平稳。	心率加快，血液涌向四肢。
对空间的感知	你的视野开阔，与外界有良好的联结感。	你的视野狭窄，只专注"敌人"或"出口"。当战斗或逃跑失败时，僵滞可能会作为最后的手段让你待在原地，不知如何是好。
对受众的感知	观众似乎很好沟通。他们看起来友善，并且和你处于同等的地位，你们可以像朋友一样轻松交谈。	观众看起来充满威胁，不太好对付。

))) 为什么你的声音会颤抖

声音是神经系统这个幽深矿井中的一只金丝雀。任何颤抖、吱吱作响和微弱的战栗都会向外界传递出你内心的紧张。你能很快注意到自己声音中的不安，也能迅速从别人的声音中察觉出类似的情绪。神经对每个人的影响各不相同。有些人在紧张时语速会变快，这是逃跑反应，此时神经系统告诉你："逃跑！快一点！"有些人则表现得非常安静，这是神经系统在说："嘘！安静点，躲起来！"有些人的神经系统会突然警报大作："战斗！"而另一些人的大脑则一片空白，神经系统仿佛宕机般一个指令也发不出来。此时，作为应对威胁的最后手段，人会僵立在原地，就像老鼠被猫逮到时的反应——假死。这并非大脑有意识地思考之后做出的决定，而是系统自动关闭的结果。以上种种反应对出席会议或参加大型聚会毫无帮助。在它们的干扰下，我们会觉得自己是糟糕、缺乏自信的演讲者也不足为奇了。然而这种情况并非不可改变，了解身体里的"乐器"并且掌握"敌人/朋友"系统的相关知识，你就可以在讲话时控制这些讨厌的压力反应。

下面的陈述或许与大多数人的直觉相悖——你应该对颤抖的声音心存感激。焦躁不安、声音不自然地拔高或降低、头脑呆滞……这些反应的发生都有充分的理由，并不能证明你是一位糟糕的演讲者。你会做出这些反应是因为神经系统在试图拯救你,倾尽全力帮你渡过难关。你必须让它看到,你的生命没有受到威胁,同时帮助它对外界状况重新做出评估。你需要让你的神经系统认识到观众是朋友而不是敌人,即使他们看起来有点不友好,我们也要保持冷静。因为神经系统一旦启动攻击、躲避或逃跑模式,大脑中的部分区域就会被锁定,从而导致你无法思考,也无法和观众产生联结。"战斗—逃跑"模式会让沟通变得异常困难。

))) 认识你的神经系统

简单来说,自主神经系统是大脑的基本生存系统,它能调节身体的兴奋程度。如果你需要"战斗—逃跑",它会加速;当你可以放松下来,比如吃饭、睡觉的时候,它会逐渐减速。自主神经系统有两个分支来调节身体的兴奋程度:交感神经系统(SNS,我称之为"敌人"系统)和副交感神经系统(PNS,我称之为"朋友"系统)。

交感神经系统的主要任务是激活"战斗—逃跑—僵滞"反应。借助大脑的化学物质,例如,肾上腺素和皮质醇等,交感神经系统可以唤醒身体,让身体做好行动的准备。交感神经时刻都在扫描神经系统,以便让你整个人保持在平衡状态。你或许会觉得，对一个可以令人声音颤抖、张口忘词的系统来说，交感神经这个名字显得有些奇怪。实际上这个名字可以追溯到古希腊时期，它的词根是"sympathy"，意思是"部分与部分之间的联系"。

副交感神经系统利用大脑中的化学物质乙酰胆碱来调节消化、自我恢复和睡眠等身体功能。副交感神经可以让系统"减速"，从而让人放松并保持联结感。作为一名演讲者，如果你知道如何激活这个系统，你就可以拥有轻松对话的能力，这些能力对观众而言极富吸引力。当你从容自如地讲话时，交感神经系统和副交感神经系统会协同运作，此时的你可以优雅地应对任何难题。

交感神经系统和副交感神经系统以相互制衡的方式来协同工作以应对周围发生的事情。当交感神经系统受到刺激开始启动时，血液会从神经系统中那些对生存来说非必要的部分抽出来。此时你能移动得更快，你的手脚和声音颤抖，脑袋变得一片空白。当你遇到真正威胁生命的境况时，这些反应可以帮助你迅速脱险，但是如果你需要在重要时刻轻松自如地讲话，那么这些反应就适得其反了。

我希望你可以更好地理解自主神经系统的这两个分支，接下来我会依次介绍它们。我会稍作一点艺术性的处理，将这两个系统拟人化，因为我想让你像认识朋友一样认识它们，重视它们为你所做的一切。只有这样，作为一名演讲者你才可以管理它们，从而在需要讲话时获得充足的自信。

关键时刻自信表达

认识你的"朋友"系统

当身心完全放松时,你会对"朋友"系统(PNS)有深刻的感知。如果把"朋友"系统比喻成一个人,那他应该是一位善良、冷静、充满自信的朋友。它会让你觉得自己可以从容自信地迎接巨大的挑战,并且它允许你做自己,找到自己的声音,因为"朋友"系统会完完全全地接纳你,如你所是。当你处于"朋友"系统的控制下,你可以非常轻松地面对观众,享受与他们的沟通。你有能力让自己在面对极端压力时依然感到安全。当重要的时刻来临时,你可以让自己冷静下来,保持思路清晰,迅速调整到最佳状态,只有在这种情形下你才能找到自己的声音。能够将自己的状态从紧张焦虑转换到从容优雅,这是一种真正的力量。一旦你掌握了这个力量,事情便会朝着好的方向发展,人们会说:"看,这是一位自然、健谈的演讲者。"所以,请放松。

当你开始使用"朋友"的声音,你会:

- 热情而充满活力地讲话。
- 脚步轻松,怡然自得。
- 身体姿势放松且舒展。
- 讲话的语调自然,富有对话感。
- 能够主动察觉周围发生的事情,而不是被动做出反应。
- 声音平静,能够安抚周围的人。

- 时刻关注当下。
- 无论是看上去还是感觉上，你都在享受讲话的过程。
- 你的泰然自若让观众感觉放松，他们无须为你担心，因此可以真正倾听你所说的话。
- 对所发生的事情抱有积极的印象。你不会觉得累，反而感到精力充沛。

我认为，如果你能够充满自信地和家人朋友交谈，那你同样可以充满自信地与一大群观众交谈。想象摇滚明星在巨大体育场登上舞台的那一刻，在此之前他们已经学会如何在紧张的氛围中让自己感觉安全。在和观众交谈时，他们可能会把一群人想象成一个人，甚至是某个特定的人（家庭成员、忠实的粉丝）；或者他们可能会告诉自己，观众是来支持他们的，观众希望他们有出色的表现。你在走上舞台之前，也可以采取同样的策略来进行自我调整。

如何找到"朋友"系统

演员们有一些快速进入"朋友"系统的方法：

1. 当你需要迅速平静下来时，有意识地利用呼吸寻找放松的

> 感觉是一种有效的方法。演员们学习在放松的状态下利用呼吸打开身体——那种低沉、宽广、轻松的呼吸。回想上一次你感到如释重负的情形，也许是在重要的面试之后，或是结束了一天紧张的工作，试着用呼吸去体会那种感觉。
> 2. 想象自己正在与老朋友交谈，这个方法可以让你在面对陌生人或恐惧时能快速进入"朋友"系统。即使只是一句简单的"很高兴今天来到这里，能够和您一起工作真是太棒了"也可以让你体会到掌控感，以及与他人的联结。
> 3. 为了获得联结感和安全感，演员们学习在头脑中保持这样的想法——"我很美丽，人们喜爱我，我有一个秘密。"这样做的好处是它会令你目光如炬，感到爱与归属感。如果你对这种方法不屑一顾，我的建议是，先别急着否定它，试试再说。

认识你的"敌人"系统

如果把"敌人"系统（SNS）比喻成一个人的话，他像是一位"刀子嘴，豆腐心"的亲戚。这位亲戚虽然一心为你着想，却总是打击你，他可能会说："好吧，你知道自己可以做得很好，但是你的练习还不够，或许这就是为什么观众看起来很无聊的原因。也许你应该加快语速，尽快结束演讲。"这位亲戚的本意是关心你，他的语气却充满了担忧。随着肾上腺素和皮质醇不断激增，你头脑里亲戚的唠叨声变得越来越响，对一名演讲者来说，这可真要出问题了。亲戚开始大声尖叫："赶快离开这里！太尴尬啦！"当这位充满敌意的亲戚挡在了你和观众之间，你会不由自主地加快语速，声音变得又干又涩，紧张到无以复加的地步。你开始认为自己需要采取躲避或攻击的方式来应付台下的观众，而不是与他们交流。

如果以上这些描述符合你在压力时刻的表现，那么你或许还会注意到：

- 你的声音、双手、双腿都在颤抖。
- 你的胃部肌肉紧张，气息上升到胸部。
- 你的视野变得狭窄，周围发生的一切急速掠过。你无法关注到观众，感觉有点晕头转向。
- 你浑身冒汗。
- 你说话的声音过大（或者在你脑海里感觉自己的声音非常大）。
- 你说话的速度太快。
- 你注意到自己有失分寸，反应带有明显的防御性或攻击性。
- 肾上腺素分泌过多导致你很难放缓速度并找到舒适的停顿，所以你会开始大量使用"嗯""呃"之类的词语。你注意到自己紧张地使用反复出现的短语来填补沉默。
- 你会脸红，双颊发热。
- 你的大脑一片空白。
- 你根本不知道自己说了什么，你感觉疲惫不堪。

然而，请注意！我绝对不希望你误解"敌人"系统的作用，以为我们应该完全回避它。"敌人"系统对保证你的安全和专注来说至关重要。不能否认，尽管在临上台演讲前煽动你逃跑或者攻击观众是个糟糕的选择，但"敌人"系统确实在为你着想。它的真正意图是积极的——想要保护你的安全。你越能记得这一点，就越能更好地管理"敌人"系统。我们越能欣赏"敌人"系统在保护我们安全方面的积极作用，就越容易平静下来。

换个角度讲，你需要一点紧张感表示你在意某件事情。所以，让我们珍惜头脑里那些动机虽好却总是令人焦虑的声音吧。"敌人"系统让你保持专注、警觉、有活力，但我们要控制它，这其中的关键是学会驾驭神经，把恐惧变成兴奋，让自己保持头脑清晰。

试试这个：化恐惧为兴奋

想要利用"敌人"系统帮助你在演讲时把身体调动起来，而不是紧张到窒息，其关键在于控制感受的强度。试想一下，如果恐惧不再是一种令人不快的负能量，而变成你所拥有的一种力量会怎么样呢？如果你可以把这股力量转换为源源不断的动力，那又会是什么样的情形呢？

重新评估：当你感到肾上腺素激增并将其视为威胁而开始恐慌时，"敌人"系统就会失去控制。但本质上，这种感觉是一种唤醒，而唤醒有其积极的一面。如果你把这种冲动和强烈的感觉看作重视某件事情的信号，从而敞开怀抱迎接它们；或者，如果你把肾上腺素的分泌重新定义为兴奋或专注的表现，告诉自己"我能在这里真幸运，太令人兴奋了！"如果你可以这样做，会发生什么呢？

接纳感受：当你感觉肾上腺素开始飙升时，让呼吸深入这种强烈的感觉中去。拥抱这种感觉，这样你就能感受到它的力量。使用低沉、宽广的方式呼吸，你可以将恐惧化为兴奋。接纳感受，让它激励你而不是将你淹没。

恢复理智：恢复理智会让你感觉更平静。慢慢转头，观察你周围的空间。选择性地接收那些好的信息。注意身边是否有你喜欢的东西。重复这个过程，做得更慢一些。用寻找安全感和联结感的方式可以启动你大脑里的"休息—消化"反应，抑制"威胁"反应。同时，扩大视觉区域也有助于营造一种安全感，因为当我们遇到敌人时，我们的视觉会受到限制，身体里的系统会专注于寻找"敌人"和"出口"。

说"谢谢"：如果想让"敌人"冷静下来，试着对它说声"谢谢"。留意一下，赞赏是如何让"敌人"系统安静下来的。一旦"敌人"安静下来，你就可以用心感受踩在地板上的双脚、轻抚脸颊的空气，并把意识带回身体，让它远离大脑。你

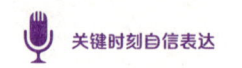

> 就会立刻感到更加平静,说话也更有自信。
>
> 觉察"敌人"系统会让你注意到,自己可以非常迅速地在声音颤抖时把身体里的系统从焦虑中解放出来。

和老朋友聊聊天

现在你已经了解"朋友"系统和"敌人"系统之间的区别,作为一名演讲者,接下来你要如何让这两个系统为你服务呢?

其实很简单,答案就在于呼吸的停顿方式。在不同的情形下——和老朋友交谈以及处于"敌人"系统的控制之下时——我们会采取不同的呼吸方式。在"敌人"系统的控制下,我们的呼吸往往会变得急促;而当我们和最亲密的朋友交谈时,则不会出现这种情况,我们会启动膈肌,以一种轻松的方式呼吸,气息低沉而宽广。我们跟随自身节奏呼气吸气,既不急促,也不会缓不过气来。如果我们能够在压力之下自如地掌控呼吸,发声就是一件水到渠成的事情。

作为一名演讲者,想要激活你体内的"朋友"系统,首先要减少说话时的喘气声——一种使用胸部呼吸时发出的嘈杂声音,我们常常能够从那些紧张的演讲者身上听到这些杂音。吸气时用胸部和肩膀使劲，从而发出清晰可闻的喘气声。这会让你直接掉进"敌人"的陷阱，因为这些都是我们在惊慌失措或不得不逃跑时才会做出的反应。这样的呼吸不仅费力，还会给你的神经系统带来压力。

虽然我希望你能够尽快消除讲话时的喘气声，不过在这之前，首先弄清楚所谓"喘"究竟是什么样的感觉，或许对你有帮助。这样你就知道哪些行为是需要避免的。现在，请按照以下方式呼吸：通过耸肩和抬高胸部把气体吸进嘴巴里，注意这个动作对你感受的影响——你可能会感到压力增大，思绪更加混乱。为什么会这样？因为你的身体将这种呼吸识别为恐慌性呼吸，并开始产生恐慌的想法，这令你惊慌失措，在讲话时语速加快。

记录自己是如何讲话的

如果你不确定自己在讲话时是否喘得厉害，可以用手机录下自己讲话的过程。录音或录像都可以。听到喘气声了吗？如果使用录像，你或许可以看到自己的肩膀和胸部是如何在吸气时上下移动的，同时听到自己的喘气声。

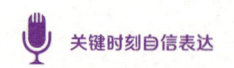

> ## 试试这个：消灭喘气声

消灭喘气声最简单的方法是在呼吸的间隙闭上嘴巴。你需要在两句话之间暂停，这样你就有足够的空间在呼与吸之间自然停顿，就像你和朋友聊天时那样。给自己一点时间，做一个柔软、深长、不慌不忙的呼吸，而不是像我们感到紧张时那样急促地喘气（约翰·贝奇曼称为"罐头呼吸"[5]）。对观众而言，这样做的好处是他们有时间停下来消化你刚才所讲的内容，同时你也有机会观察演讲的效果。

每天做下面的练习，让它形成肌肉记忆，这样在你需要时就可以立即使用这个方法。

1. 想象你正漫步在夏日的花园里，玫瑰花香扑鼻而来。注意你是如何享受这沁人心脾的香味的。你或许会深深吸气，舒展且放松自己。你的鼻窦、身体和呼吸毫不费力地打开。这种松弛和扩展的感觉就是我们想要的。闭上嘴巴，静静地在脑海中想象闻玫瑰香气的感觉（注意不要吸鼻子）。感受气息自然流淌的节奏，不需要刻意地吸气。

2. 现在，我们可以把这种放松的气息带入发声中。想象你要赞美一位特别在意的人。当你在思考溢美之词时，试着用我们刚才提到的那种放松、感受花香扑鼻的方式呼吸。你可以只用鼻子呼吸，或者用鼻子和嘴一起呼吸。

3. 随着呼气将赞美之词说出来。这时你的声音会呈现出一种自然的质感。你的呼吸方式决定了你如何讲话。紧张的呼吸会制造充满焦虑的声音，同样，放松的呼吸会带来自然的声音。你或许注意到了，做完这个练习之后你的声音变得更松弛、更自由，也更平静。这就是你和那些令你感到安全的人在一起时所拥有的声音。这种轻松自如的感觉就是你的自信所在。

我希望你可以随时随地做这个练习。注意在说话的过程中，你是如何停顿的，提醒自己闻到玫瑰花香的那种感觉。如果你在吸气时，可以听到明显的喘气声或鼻息声，要有意识地把嘴巴闭上，并且在每次呼吸停顿的间隙注意寻找那种放松的感觉。气息安静地流入身体会让人感到平静，反之，急促地吸气则会让人紧张。你可以反复尝试，直到吸气的过程变得安静并且放松，就像你在和老朋友聊天时那样。

))) 建立新常态

认识到沉默的价值,不要为此感到不安。我们在讲话时,字里行间需要空间,这给我们时间接收信息并进行思考和感知。这些空间让我们意识到内心的平静,从中我们可以获得力量,将别人吸引到身边来。从内心深处放松下来,这样我们才能够专注地倾听并体会到沉默的必要性。

——西塞莉·贝里(Cicely Berry),《你的声音以及如何成功运用它》(*Your Voice and How to Use it Successfully*)(1990)

你现在已经了解到"敌人"系统和"朋友"系统的区别,问题是,要如何将你在"朋友"系统中获得的平静感受变成身体的"默认设置"呢?有没有办法让系统时刻保持安全感和专注感呢?该如何把这些感受变成新常态呢?

答案就是你必须在开始讲话前找到心平气和的状态。职业演员会接受这方面的专业训练,他们会在表演开始前,花一些时间走进自己的内心,使自己平静下来并找到安全感。他们知道,在重要时刻来临之前,如何安抚自己的神经系统将会影响到声音的表现、对空间的认知以及回应台下观众的方式。所以你最好每次都提前到达现场,在演讲开始前给自己留出一段安静的时间。过去的表演训练经历让这件事变成了我的习惯，并且我在日常生活中也一直保持着这个习惯。但实际上我并不了解其中的缘由，直到学习了关于迷走神经的知识我才明白，为什么重要活动前的那一点安静时间——尤其是当我关闭电子设备后的安静时间——会对我整个人的状态产生如此巨大的影响。[6]

迷走神经[或称为有髓鞘迷走神经系统（VVC）]是第十对脑神经，是人体内最长、分布最广的一对脑神经。它从脑干延伸到腹部。这个名字的意思是"漫游者"。你的迷走神

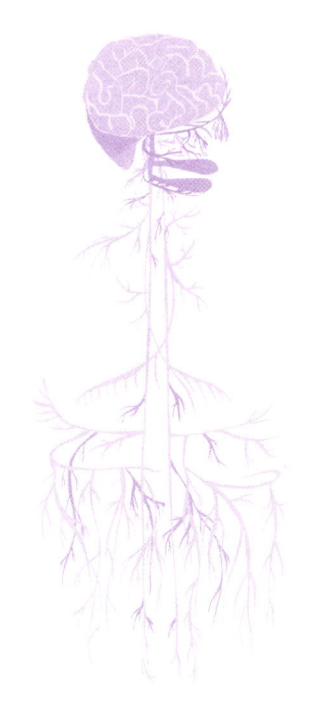

迷走神经示意图

经向心脏和肺部发送信息，以降低或提高呼吸的深度。迷走神经还控制着负责喉咙和发声器官的肌肉。所以，你可以看到迷走神经对你的讲话会有多大影响。当迷走神经张力良好时，你会感到安全，也会让别人感到安心。此时你的声音听起来更加柔和动听，让人感觉更舒服，这样的声音能够安抚周围的人。当你的迷走神经缺乏张力时，你的声音就会失去层次感，变得单调，让观众感到枯燥无味。这样的声音会给周围的人带来压力。

迷走神经的张力水平对你来说很重要，因为它会影响你的神经感受，也就是你如何解读这个世界。你觉得安全和你真的安全并不是一回事。面对同样的情形可能有非常不同的看法，这取决于你如何解读它。会议中心或工作面试中的观众可能看起来很友好，也有可能看起来充满威胁，这不仅与你神经系统的反应有关，也与对方神经系统的反应关系密切。当迷走神经受损时，你就不太可能与人交流并倾听对方。自主神经系统中的"敌人"系统将会启动，就会触发与之相对应的身体反应，比如，口干舌燥、心烦意乱、声音颤抖、语速变快。简单来说，照顾好你的迷走神经张力，意味着你可以带着联结感与同理心去感受外部世界，这样你会感到轻松自如。当你的迷走神经张力欠佳，你就会表现得紧张、不舒服、感觉受威胁并且烦躁不安。

用精神病学家巴塞尔·范德考克博士（Dr. Bessel van der Kolk）的话说："当有髓鞘迷走神经系统有效运作时，我们会对别人的笑意报以微笑,用点头来表示同意,当朋友向我们诉说他的不幸时,我们也会用心倾听。"[7]迷走神经张力水平会影响我们接收声音信息。当迷走神经张力水平低时,你的神经系统更容易捕获异常的声音,并对这些声音做出反应。这类声音通常与威胁有关,比如,人类或动物的攻击声、爆炸声、咆哮声、尖叫声等。如果换成是面对观众讲话的场景,你就会忽略掉那些能够带来联结感的正常声音,而只对粗鲁的语调和咄咄逼人的质疑做出反应。这时,一个在平时完全和蔼可亲的观众也可能看起来具有威胁性,而一个不满的观众更会让人难以忍受。不过,如果你花点时间让自己进入专注状态,就可以从容应对以上状况。

你可以从一个人开放并且热情的声音和面部表情来判断他是否拥有良好的迷走神经张力。此时他会对身边所发生的事情有很高的参与感,能够时时刻刻关注身边的人,倾听并回应对方,他的视线和能量也将环绕在他人周围。他的声音优美且充满活力,整个人也是放松、自信的。这不是为了表达自己的感受而刻意表演出来的。拥有良好迷走神经张力的人在每次演讲前或许会有个大致的思路,之后他会由着自己的反应让演讲自然而然地发生。总而言之,良好的迷走神经张力能让你成为一名从容自如的演讲者。

你也能很快地从演讲者的表现中察觉出他的迷走神经张力欠佳:演讲者虽然人在这里,但是他并没有全然投入演讲中。他会释放出信号表示自己正在听或者看着你,但实际上他沉浸在自己的世界里。当演讲者缺乏迷走神经张力时，他的面部是僵硬的，神态疲惫，声音听起来也平淡乏味。他的眼神会显得很紧张，并且视野狭窄。他还会用胸部呼吸，气息既短又浅。这类演讲者的发言缺乏情感流动或者语调变化，一切都让人觉得呆板乏味。他还会以一种不自然的方式回应你的提问。你很难与他进行眼神交流，他们要么紧盯着你，要么干脆左顾右盼。

很显然，良好的迷走神经张力是演讲者所梦寐以求的，但问题是没有人告诉过我们这一点，正如巴塞尔·范德考克博士所言：

> 可悲的是，我们的教育体系倾向于忽略对情感参与系统的培养，转而专注于培养大脑的认知能力……最不该被从学校日程表中删除的事情是合唱、体育课、课间休息，以及任何涉及运动、玩耍和能够令人愉悦的带有参与性的活动。[8]

在学校里没有人告诉过你，体育、唱歌和运动实际上可以让你自信讲话。学校主要教我们读书写字以及如何运用智力，我们会将这些带入日后的工作和生活之中，但是我们身体里的系统所能做的远不止这些，其他能力常常被我们遗忘。

我们都渴望与人联结，这对生存来说至关重要。但是电子设备的使用在欺骗我们，它制造了一种人与人联结的假象，这种虚假的联结可以使我们的大脑暂时得到满足，却无法滋养我们的身体和声音。你可以在社交软件和朋友保持联系，但这不是真正有营养的联结，而是"垃圾食品"。当你需要充满自信地讲话时，这种程度的联系并不能满足你的神经系统对联结感的需求。电子设备会触发我们的"战斗—逃跑"反应，它对提升迷走神经张力没有任何帮助，如果你一直坐在那里盯着手机，你就会不由自主地屏息闭气并且肩膀开始紧张。（不过，如果你是用电子设备来放音乐或者做正念练习的话则没有问题，这样做对你会有帮助，所以我并不是完全反对所有电子设备的使用。）

如果你想把拥有良好的迷走神经张力变成身体的一种新常态，你需要在说话之前让自己冷静下来，保持专注。

提高你的迷走神经张力

想要体验拥有良好迷走神经张力的感觉，关键是努力延长呼气的时间。早在1921年，一位名叫奥托·洛伊（Otto Loewi）的医生和药物学家就发现，当迷走神经受到刺激时，它会释放出一种物质，洛伊称之为"vagusstof"，后来被确定为乙酰胆碱——一种镇静激素。[1]乙酰胆碱成为第一种被科

1　乙酰胆碱为神经递质，狭义上讲并不是激素。

学家确认的神经递质。通过长时间缓慢地呼气——尽量延长呼气——你可以产生自己的乙酰胆碱,刺激迷走神经,让平静的感觉传递到你的整个神经系统,这能帮助你在压力状态下找到自己的声音。

1. 找一个安静的地方做以下练习,坐着或者站着都可以。不需要让别人知道你正在做的事,呼吸可以是无声并且轻松的。所以在开会前、开车时,甚至和同事在一起时,你都可以做这个练习。
2. 一边用鼻子吸气,一边在心里默数到四。
3. 轻轻屏住呼吸,在心里最多默数到七。
4. 慢慢呼气,在心里默数到八。你可以安静地呼气,或者在呼气是发出低沉的嗡声,无论哪种方式都可以,只要你觉得舒服并且适合你所处的环境。
5. 重复做两分钟。

蜂鸣式呼吸

最新一项研究表明,吟诵和哼唱的振动能够刺激迷走神经,有利于呼吸和身体循环。[9]这种呼吸方式被称为蜂鸣式呼吸,它可以帮助你进一步调整迷走神经张力。

> 将双手掌根放在下巴两侧靠近耳朵的位置,然后向下滑动,帮助下颌骨下降并放松。如果你感觉还不错的话就多做几次。
>
> 1. 下颌骨放松后,你会找到上下牙齿之间的空隙,保持这个空间。
> 2. 吸一口气,在呼气时发出"嗞(zzz)"的声音,就像蜜蜂嗡嗡叫一样。在呼出的气息能够轻松支撑的范围内尽量延长这个声音。
>
> 重复以上步骤:吸气,以嗡鸣的方式呼气。感受自己的声音和嗡鸣声,你是否觉得整个人更平静,注意力也更集中了?在这种放松的状态下你可能会想打哈欠,这是一种自然反应。

))) 放空半小时——"断电"

"如果把插头拔掉几分钟,几乎所有事情都能恢复正常,包括你自己。"作家安妮·拉莫特(Anne Lamott)在她2017年的TED演讲中如是说。[10] 面对重要的事情,你多久会让自己拔掉插头"断电"一次呢?如果你的答案是"很少"或者"从不",那么你可以从戏剧表演中汲取一些经验——放空半小时。一般在演出开始前，演员会花 35 分钟时间放空自己以积蓄能量，这段时间被称为"放空半小时"。摄影师西蒙·安纳德（Simon Annand）拍摄了一组精彩的照片，这些照片展现了演员们在"放空半小时"下的状态。[11] 演员们看起来好像什么也没做，他们或者凝视天空站立不动，或者安静地躺在地板上，但实际上，他们正在体内酝酿丰富的情绪。演员们正在寻找一种内在的平静，这将使他们保持精力集中并且充满自信。有时候，他们也会做一些温和的呼吸或发声练习以及身体运动。

"放空半小时"这个方法会给人带来如此美妙的感觉，我在每次出席活动前都会使用它，以至于有些上瘾。我意识到，如果可以在演讲或会议开始前让自己平静下来并且集中精神，整个体验会更加轻松。我不需要想太多，只需要关注当下，任凭直觉引领。我知道何时该讲话，何时该缄默，何时该倾听。半小时的放空让我整个人达到最佳状态。

"放空半小时"的秘密在于记录（把它写进你的日记或日程安排）并付诸实践，你要创造一个与自己面对面的机会，其他人无法干扰或打断这个机会。这段时间和随后你要参加的会议、面试或者演讲同样重要。如果你这样做了，我保证你在发言时会更冷静，更自信。

试试这个：关于"放空半小时"的推荐练习

在用"放空半小时"这个方法时，你不需要花费整整35分钟，不过如果你时间充裕的话，花上足够长的时间放空当然更好。具体放空时间取决于活动的重要性以及你的自信水平。如果即将出席一场重要的演讲，你可能想要花一个早上的时间独处——在出发前往演讲现场之前，你可以在家里花上30~35分钟的时间让自己专注，集中精神；如果是出席一个让你感觉压力没那么大的会议，抽出15分钟来放空自己大概就够了。如果只有5分钟时间呢？没关系，任何准备都会对你有所帮助。一旦熟悉了这些练习，你会发现自己可以在短时间内让它们发挥作用。

- 把所有电子设备调至静音状态，并把它们放在你看不到的地方。
- 睁开眼睛（压力会缩小我们的视线范围）。花点时间左右转动头部，看看周围的事物，这样你就可以重新定位自己的系统。
- 放松下巴和舌头，长长地呼一口气，给自己一个如释重负的信号。
- 把注意力放在外在感官上。感受你的身体与支撑点之间的接触，感受周围空间的重量，感受衣服与皮肤的摩擦，感受你的秀发和眉毛，感受空气轻触你的脸庞。
- 现在开始向内的旅程。感受你体内的世界：你的内脏、血管、心脏、肺；摸摸你的骨头，感受气息的流动。它经过了哪里？鼻子、嘴巴、喉咙、肺、胸部、腹部？把你的手放在气息到达的地方，随着气息的流淌移动你的手。把手放在胸部，放在肋骨前侧和后侧，还有肚子上。

- 不要做任何改变你身体感受的事情，只需要温柔地关注它就可以了。留意当你顺应身体的自然状态时，它会有什么样的反应。当你把注意力放在身体和呼吸上时，心灵又是如何获得平静的。
- 如果是独自一人，你可以说句话（例如，从 1 数到 10）或者轻轻地哼一声。这样做可以帮助你向外呼气，使系统平静下来，并且给声音热身。
- 一旦集中精力，你需要专注于以下三件事来帮助自己明确目标：

  1. **你的目标**：你想达到什么样的目标？针对本次活动，成功的标准是什么？
  2. **你的观众**：对他们而言，此次活动成功的标准是什么？观众是谁，他们需要你做什么？你能为观众提供什么帮助？活动结束后，你希望他们对你的发言有怎样的评价？
  3. **你的能量**：你想创造什么样的氛围？充满活力的、冷静的、温暖的，还是具有权威感的氛围？你希望观众有什么样的感受？你需要做些什么才能营造这样的氛围？花点时间收集你所需要的能量。

))) 常见问题

Q：当我感到紧张时如何与对方保持眼神交流？

A：如果你在走进某个房间时感到紧张，有一个非常简单的方法可以帮你迅速放松下来，那就是把即将遇到的人想象成你的老朋友，这会让你感觉更平等，有利于呼吸的调整。同时请记住，你来到这个地方是为了贡献自己的智慧和力量。如果与他人的眼神交流让你感觉不自在，你可以看着对方眉毛之间的位置。

Q：我说话时总是越说越快，如何把语速降下来？

A：你可以做第 94 页"消灭喘气声"的练习。在说完一句话之后闭上嘴巴，稍作停顿。和朋友一起练习对你会更有帮助，你可以请他们举手示意，如果他们觉得你讲话太快需要停顿一下，这样可以提醒你放慢语速，同时理解观众所期望的节奏。

Q：如何让我的声音和双手停止颤抖？

A：声音和双手止不住颤抖是因为你正处于"战斗—逃跑"模式，肾上腺素淹没了你的神经系统。所以想要停止颤抖，关键要先进入你的平静中心。事先对要讲的内容进行练习必不可少，这样你的发言会更加轻松自然，当你身处现场时也会更加自信。演讲前关掉电子设备，给自己放空的时间，调整呼吸，平静下来。当你来到演讲现场，想象自己正在和老朋友们聊天。在每句话的结尾做足够的停顿（见上一问题），给呼吸留出时间。

Q：开口之前如何避免惊慌失措？

A： 肾上腺素会激起强烈的生理反应——心跳加速、面红耳赤，这未必是坏事。我们坠入爱河时也会感到脸红心跳，这和我们在发表演讲时产生的紧张感受一模一样。所以如果你感到惊慌失措的话，没关系，记得找到你的平静之源。同时我们也要看到，一点点的紧张感对你有好处，你可以从中体会到兴奋和乐趣，它也意味着你重视自己正在做的事情。你可以参考提高迷走神经张力的呼吸练习，这些练习可以让你保持在"朋友"系统中。另外，请记得关掉你的电子设备。

Q：演讲前几周我就开始担心甚至失眠，有什么办法可以避免这样的状况呢？

A： 控制你对整个事件的理解。首先，将成功可视化：把自己想象成电影导演，勾勒出一幅成功的画面，以此激励自己保持积极的状态。在脑海中拍摄一部关于事情如何顺利进展的电影——你在影片中看到什么？听到什么？有何种感受？在头脑中为自己创建一本成功相册也会对你大有帮助——在生活中的某一刻，你可能出色地完成了某件之前你认为会搞砸的事情。这些成功的记忆会成为你自信的来源。如果你可以在过往的经历中成功克服紧张，那你现在也可以做到。接下来，努力创造一个你认为自己可以完全驾驭的演讲，因为在你擅长的领域里你就是专家。不断打磨演讲，直到你感觉自己已经迫不及待想要和观众分享它。想要创造出让自己觉得满意的东西确实需要下功夫，但是这种良好的自我感觉对建立自信来说必不可少，无论过去曾经发生过什么，它们都会像砖块一样为你的演讲构建起牢固的基础。

Q：如何避免面红耳赤？

A：面红耳赤通常发生在你意识到自己被评判和被围观的时候。我还听说这种情况多数会发生在内向的人身上。我也是一个内向的人，我理解当内向的人感到自己成为众人关注的焦点，恨不得找个地方躲起来的时候，耳根子就会发烫，不知所措。尽管我们很难阻止这种情况的发生，但还是可以做些事情来控制它，例如，花些时间放空自己，以及找到内在的平静之源。如果你感到脸颊发烫，可以试着把注意力集中在外界某件事物上。我们会有这样的感觉通常是因为担心别人的想法，不要去想这件事，感受双脚踩在地板上，进入自己的内在感官，暂时抛开脑海中的想法，让自己休息一会儿。

Q：我已经知道如何在开始演讲前保持冷静和专注，但是如果我在演讲开始后突然感到紧张怎么办？

A：对那些在观众面前容易感到紧张不安的人来说，这里有一个重要的启示：每次只考虑一件事情。如果你发现自己在演讲过程中感到紧张，可以花点时间恢复平静。感受你的双脚正站在坚实的地板上，空气轻抚你的脸颊。调整呼吸，恢复理智，这会让你找回内在的平静，重获控制权。你可以在每句话的结尾或者每个话题或观点结束时进行调整。如果你需要更多时间，也可以先喝杯水或者向观众抛出一个问题。

Q：如何避免大脑一片空白？

A： 大脑一片空白是进入"战斗—逃跑"模式的一个信号。事前排练得越多这种情况发生的可能性就越小，因为充分的练习会为大脑准备好紧急预案，在最糟糕的情况发生时，迅速调取备份记忆为你提供支持。你要做的依然是放空自己，进入专注状态，并且找到内在的平静之源。如果最糟糕的状况不幸发生，记得保持宽广而低沉的呼吸，喝杯水，或者问观众一个问题，让自己回归平稳的状态。感受脚踏实地、微风拂面的感觉，回到你能记住的最后一个点。

Q：和那些令我胆怯的人在一起时，我怎样才能找到平静和自信呢？

A： 在这种情形下你要记住一个词——平等。演讲前做好充分的准备以示你对观众的尊重，准时（或提前）到场，尊重主办方的行事安排。这些表明你是一个不卑不亢并且具有专业精神的演讲者，这会让所有参与活动的人感到轻松。适当的专业礼仪加上符合场合需要的尊重是非常具有力量的组合。在对方眼睛里找到那种面对老朋友时的淡淡微笑，这个简单的动作可以让你放松下来，对你的神经系统也有积极的影响。

Q：如果我感到疲惫怎么办？

A：让自己放空并不只是帮助你找到平静，你也可以利用这段时间调整准备状态，获得演讲所需要的能量。你可以听一些自己喜欢、节奏轻快的音乐来调动情绪，通过运动让血液流动起来，或者唱唱歌，给自己的声音热热身。你还可以喝点水，吃点富含蛋白质的食物，但是要避免喝太多咖啡，因为咖啡因会让你过度兴奋。你只需要给"敌人"系统一点点刺激，让它变得更活跃就可以了。

Q：如果我的焦虑已经到了无以复加的地步该怎么办？

A：做第101~102页的呼吸练习来刺激迷走神经，让平静的感觉贯穿你的神经系统。在脑海中描绘成功而不是失败的场景，想象演讲完成那一刻的景象。有时候，想象一下当紧张的一天结束后，你所获得的奖励对此也会有帮助。

Q：如果我刚经历了一场咄咄逼人的会议，而下一场会议也迫在眉睫，没有留给我任何休整的时间，怎么办？

A：如果你没有时间放空自己，那就做一件事情：有意识地放松你的脸。找个安静的地方，花一点时间活动并放松面部肌肉。你可以按摩下巴，打个哈欠，伸伸懒腰，这样可以重新启动你的神经系统。

小结：声音小贴士

- 没有哪个演讲者是天生自信的，但是人们可以通过学习将自己的神经系统从"敌人"模式切换到"朋友"模式，从而在压力中找到内心的平静和安全感。

- 想要迅速找到内心的平静之源，你需要让自己感到安全。在开始演讲或表演前给自己留出一些安静的时间，这样可以帮你获得安全感，让你的身体、头脑和声音得到滋养。

- 你的手机就是装在口袋里的蓄意破坏者，它会触发屏息，而屏息会带来"战斗—逃跑"的感觉。屏息还会让说话变得不舒服，所以你要学会在重要时刻来临前放下手机。

- 我们以为演讲是一件令人紧张的事情，但实际上，如果我们知道如何在讲话时避免气喘吁吁并享受言语间的停顿，就可以在讲话时平静下来。

- 当我们处于"敌人"系统时，来自他人的关注会让我们感受到威胁；而当我们处于"朋友"系统时，这种关注则会变成积极的交流，让我们产生一种被观众包围和支持的感觉。我们可以将观众视为愿意倾听我们发言的朋友。

第三章

从你的头脑中跳出来：如何在讲话时展现自信、感受尊重

站直身体，意识到你是谁，你不受周围环境所左右……站直了！

——玛雅·安吉罗（Maya Angelou），
《云中彩虹》（*Rainbow in the Cloud*）

勇气，深度，灵魂。自信的声音是有形的，一如陈年佳酿。那些演讲者之所以能够在演讲时充满自信，是因为他们意识到并掌握了如何运用身体进行表达，而不是像大多数人那样只用头脑讲话。众多研究表明，无论你作为候选人参加选举还是参与速配相亲，有厚度的声音更容易吸引人们的注意。[1]

为什么？因为我们更容易对那些传递自信的声音产生回应。这里涉及的是马斯洛需求层级的第四层——尊重。马斯洛将尊重定义为"尊敬、自尊、地位、认可、力量和自由"，而我们的身体是获得尊重和自信的关键。由身体姿势所带来的坚定和脚踏实地的感觉会赋予你一种轻松、从容的自信以及充满力量的声音，人们很容易被这种声音吸引。

你会发现，躯体作为体现自信和个人存在感的核心会为我们提供支持，让我们切实体会到"脊梁骨"的存在，而不必将一切寄托于"许愿骨"[1]。美国禅宗导师、人类学家琼·哈利法克斯（Joan Halifax）说得好："我们所谓的力量往往来自恐惧而不是爱……我们中的许多人用充满防御性的胸腹而不是坚实的后背来保护脆弱的脊柱……我们以脆弱敏感且时刻警惕的姿态四处走动，试图掩饰自信的匮乏。"[2]

在这一章里，你将学习如何在讲话时提升对自己体内声音的觉察力，了解为什么感受声音（不是听到声音）是帮助你自信讲话和展现自我（以及帮助你更加喜爱自己的声音）的重要基础。

我们还将探讨良好的身体姿势对声音和自信心的影响，了解为什么"短信脖"会阻碍讲话，以及如何找到切实可行的方法来克服"短信脖"。你还将学习如何在舞台上目标明确地移动，以及通过移动快速打开声音和呼吸的方法。

))) 身体是自信的关键

威尔士语中的"hwyl（激情）"一词向我们展示了一幅能够体现声音力量的蓝图。"hwyl"被定义为"健康的身体或精神状况，良好的体形，正确的感官感受，智慧；（乐器的）曲

1　原文为wishbone，意为"许愿骨"，有凭运气的意思。

调、乐趣、兴致、热情"。[3]这些恰恰是造就好声音的具体品质。和声音一样,"hwyl"充满了由空气带来的力量感,它源自威尔士语中的"hwylio"一词,意思是"去远航",由古英语中代表航行的词演变而来。理查德·卢埃林(Richard Llewellyn)在《青山翠谷》一书中对"hwyl"进行了完美的描述:

> 熙攘的人群从山顶到山脚一路小步走着,没有焦躁不安,只是想给胳膊腾出些空间,让脚站得更稳,让胸口的呼吸更加舒畅……为了给歌唱留出空间……现在打开喉咙,抬高下巴,提高音量……肩膀向后,高扬起头,让美妙的歌声穿过屋顶,飞向天际。[4]

不过令人心酸的是,与威尔士语相比,同样是与"sail(航行)"相关的谚语,在英语中却只保留了"令人泄气"这个说法,而没有任何表达"鼓气"的意思。[1]在《青山翠谷》中理查德·卢埃林对学校合唱团的一段描述可以作为这种状况的总结:"男孩和女孩们一起唱着'啊',嘴巴张得像纽扣孔,但是音调没有任何起伏,声音也没有任何厚度,一点也不走心。"[5]

---

1 原文为in English we have only kept the idea of taking the wind out of someone's sails, rather than putting it in. 英语中"take the wind out of someone's sail"意为"令人泄气"。

学校教孩子老实坐好、闭紧嘴巴，却从不教他们站起来大声歌唱。尽管现在大多数学校提倡学生释放天性，但通常我们还是会被要求安静地坐着写东西。如果你的生活以静坐和沉默的状态为主，那你就要去寻找你的激情。当你树立起桅杆，风会鼓起你的帆；而当你稳稳站立，让能量和呼吸在身体周围自由流动时，激情就会回到你的声音里。

在数字时代，坐着动动手指就能给别人发信息是如此容易，即便对方和我们仅有一桌之隔。你必须使用自己的声音，否则你就会失去它。如果你能更多地通过面对面的方式而不是隔着屏幕与人建立联系，当众发言对你来说就会越容易，你就越能找到自己的激情。

那么，要如何为声音创造这种动力呢？答案是要确保自己拥有强健的脊柱，这样你才能很好地呼吸，同时带着能量和明确的目标方向来移动身体。这两条原则是你保持自信说话的关键，因为身体会向头脑发出信号，告诉你，你的安全感处于什么样的水平。同时这两条原则也是帮助你在聚光灯下找到自尊的必备要素。作为一名演讲者我很清楚，如果在前两章中所讲的方法和技巧的基础上再加入自信的仪态，那么在面对观众时就会沉着而充满信心，并且能够从容自如地表达。

你不是在用头脑讲话

拥有一个身体是对任何人来说都是显而易见的事情，不过你在讲话时，对它又有多少觉察呢？对大多数人来说，将注意力集中到身体上是一个挑战，因为大脑总喜欢分散我们的注意。根据我多年的经验，人们在讲话时声音平淡、语速飞快往往是因为他们把大部分精力花在了关注自己的表现上，在内心里成了自己的"才艺表演评委"。他们一边说话一边觉察自己的声音，并对每个音符、声音质量和讲话内容进行评分（往往评价较低）。他们凡事挑剔，毫无乐趣可言，这把他们的注意力禁锢在头脑中。作为演讲者，他们变得神经质、乏味、迟钝并且语速加快。这与我们想要的结果完全相反，我们想要的是成为一名放松、讲话节奏适宜并且自信的演讲者。

进入皇家中央演讲与戏剧学院（Royal Central School of Speech and Drama）后，我不得不重新学习如何觉察自己的身体。老师告诉我要"跳出头脑"，这让我颇为困惑，一度因为摸不到门路而感到十分恼火，直到我体会到它的力量。如果你一开始对这个说法不甚理解的话也没关系，坚持下去就对了。有时候，一些小毛病也是信号，表示你的大脑意识到身体可能需要关照。在进入戏剧学院之前，我所经历的所有教育都在强调头脑的重要性。我不是那种善于运动的孩子，也不擅长玩游戏。学校教会我的是：身体仅仅是用来打英式篮球的，你来回跑动，然后安静地站在自己的区域里。除此之外，在学校的其他时间就是坐下来保持安静。记得我还是孩子时，曾热爱音乐和运动，但是这一切随着学习成为一件严肃的事情而停止了。没有人教我去欣赏或理解声音是如何工作的，为什么站姿可以改变我的思维方式，呼吸如何让我平静下来，为什么血糖对我的注意力有影响。我的头脑就是一切。偶尔我会采取行动让身形变得更纤细或健康，并且进行身材管理以符合外界对身材的期望，但是我从未将身体视作一个整合的系统进行欣赏。

20年前，在戏剧学院老师教我关注自己的身体之前，我从未这样做过。那时候我的身体和声音一样，都在意识雷达的扫描范围之外。我没有把意识、身体和声音联系起来，也不懂头部的位置会影响呼吸方式——比如，我感觉下巴紧张竟然和右髋关节紧绷有关。当我接待来访者时，我发现他们中的大多数人也没有建立起这种"心—身—声"的联系。然而一旦你将这三者联系起来，明白身体可以给予声音强有力的支持时，你就会发现自信和充满力量的声音是我们与生俱来的。

目前，在神经科学领域有一个词来形容这种将注意力带入身体的过程——内感受。它是你的内在感知——一种对身体内部的觉察，可以令你保持活力。当今时代，各种便捷工具的使用让我们的工作极度依赖大脑。30年前，神经科学就在不断证明，想要获得自信，我们必须用等量的"我感受故我在"来平衡笛卡尔所说的"我思故我在"。精神病学家巴塞尔·范德考克博士说：

> 神经科学研究带来的最明确的一个启示是，我们的自我意识与身体紧密相连。除非我们能够体会并解释自己的身体感受，否则我们不可能真正地了解自

己。我们需要记住这些感受并据此行动，以引导我们在生命的海洋安全航行。[6]

试试这个：觉察你的身体

有一个好消息：内感受是可以训练的，我们可以有意识地练习。想要从头脑中跳出来，第一步是把注意力从头脑转移到身体上。这样你会慢慢摆脱只关注头脑中想法的讲话方式，开始关注当下具体的存在，这是找到你声音的关键。一个有效的方法是想象"把大脑放在肚子里"。如果你更喜欢中国文化中的心性论，你也可以选择把意识集中在心脏部位。重要的是将你的意识放在身体上而不是放在头脑里。这样会让你的讲话更流畅、更自由，也更轻松。

1. 感受你的双脚——它们现在的感觉如何？
2. 换一个身体部位感受一下——把它带入你的意识之中。
3. 你注意到当下的情绪流动了吗？是平静、紧张、快乐、温暖，还是冰冷呢？

))) 如何爱上自己的声音

很多人告诉我，他们讨厌自己的声音，或者更确切地说，他们不喜欢听到自己的声音。这是因为他们还没有完全联结自己体内的声音。我的建议是关掉大脑中的麦克风，将注意力转移到体内，感受自己的声音。

从前我过于依赖大脑的评判，无法欣赏自己的声音，对我来说，它有点像一个令人讨厌的陌生人。后来，有个人的建议改变了这一切："感受你的声音而不要听你的声音。"这个建议是我的声音教练提出来的，导演芭芭拉·豪斯曼（Barbara Houseman），她是这个星球上最好的老师之一。这个建议让我和自己的声音成了朋友。而这个建议之所以可行，是因为它将我从头脑中解放出来，进而开始关注自己的身体。内感受作用也是一种让你爱上自己声音的方法，或者至少是更喜欢一些。当你感受到自己的声音，说明你的注意力正集中在身体内部，空气在这里流动从而产生声音。当你听到自己的声音时，它在你的耳朵里，声音通过空气振动到达这里。用心感受声音可以把你带回身体中的发声部位，这样你就可以更好地发声。

这就是为什么你越感受自己的声音，越不去听它，你讲话就越自信。总是评判自己的声音将把你引向焦虑和自我中心。如果你把注意力都用在听自己说话上面，就无法倾听观众。当

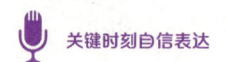

我们专注于听自己的声音时，注意力就被锁在了脑袋和耳朵里，因为注意力是有限的，此时我们对别人的关注就会减少，我们的声音会变得平淡乏味，缺少自信。而且，试图探听自己的声音也是在浪费时间，我们无法准确地听到自己的声音。当振动的声波从外部撞击鼓膜时，我们同时也会在大脑中接收到声音，正是这种头骨内部的振动给了你一种别人可能听不到的低音感。换句话说，你听到的声音和别人听到的不一样。因此，听自己的声音不仅无法让你获得任何准确的信息，还会切断你与外界事物的联系。不要陷在脑袋里的回声中，试图评判自己的声音，让你的注意力从脑袋里跳出来进入身体，然后再从这里将注意力引向更广阔的外部世界。感受声音而不是用耳朵去听声音，这将把你直接带入自己的身体里，这会给你足够的反馈，让你在说话时充满力量并且自信满满。

试试这个：感受你的声音

感受自己的声音是一件非常简单的事情。声音就是振动。因为有太多思绪在你的头脑中盘旋，所以你可能已经意识不到这种振动的存在，但是当你用心去感受声音的时候，就可以避开自我中心的陷阱。回归当下，感受纯粹的声音质感，由此你的声音便能得到释放，变得更具表现力和亲和力。

1. 说话时尽量捕捉你能听到的所有声音，无论是内部声音还是外部声音。试着通过耳朵听自己说话的声音。注意你在通过耳朵捕捉自己说话声音时的感受，不要去管身体里的嗡鸣感。

2. 现在把注意力集中在身体上。大声说出你的名字，感受讲话时的嗡嗡声。专注于你能感受到的东西——嗡嗡的振动，声音的共鸣。打哈欠能帮助我们找到这种感觉，因为它是我们身体能够最先感受到的、最放松的一种声音。打完哈欠后再来说两句话，你能感受到声音的共鸣吗？（这里有一个正式的术语叫作"骨传导"，表示声音在骨骼中嗡鸣；把手放在锁骨和胸部可以帮助你体会这一过程。）在发低音时你可能还会感觉到肋骨在振动。说话的时候让注意力停留在你对声音的感受而不是听觉上，通过触摸身体表面来感受内部的嗡鸣。试试发出高低不同的声音。正如你在第32~33页探索声调时所发现的，高音以较高的频率在头骨中共振；而低音则在胸部、背部、腹部甚至腿部等身体中较低的部位共振，共振频率也较低。如果你想加深感受，可以试着从高音滑向低音，就像我们在第33页所做的练习。

3. 如果你想找到自己最自然的发音状态，可以说"啊—呣—（uh-hmmm）"，这和你在表示赞同别人时发出的声音类似。注意发这个"呣（hmmm）"音时舒适的感受。这个音符通常是你最适合的音高，也是你声音的中心音。反复练习几次，感受它所带来的轻松嗡鸣。试着享受这种嗡鸣，

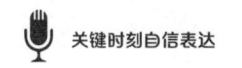

> 留意它位于你身体的哪个部位。现在用同样的声调再说一遍你的名字。留意声音中所传递出的感受。你能感觉到声音是从身体的哪个部位发出来的吗？把手放在发声部位。如果在讲话时可以感受到声音的根源所在，你会感到非常舒服和踏实。保持对声音的感受，而不是用耳朵去评判它，这为你树立信心提供了一个很好的感官基础。

当你停止用耳朵评判自己的声音，并开始关注声音在身体内部的嗡鸣，你的声音会神奇地得到改善。当你不再去关注自己的声音，不管你是爱它还是恨它，把注意力转移到身体感受上，你的身体就会成为一个运转良好的共鸣器。

如果你觉得自己的录制声音听起来比想象中的更细、更单薄，那是因为虽然我们能够准确地辨别自己声音的音调，却无法准确地感受到声音的共鸣。

当你转而关注声音在身体内部产生的感受，你会发现声音其实是你的一部分。你可以在其中觅得平静，无须再用耳朵去听、去判断它，这让你整个人都变得舒展。当你适应了自己的声音，不去苛求听觉上的完美无瑕，你就可以沉浸在身体和情感的体验中。因为身体是声音和情感的起点，作为一名演讲者你会变得更加有控制力。

所以，感受你的声音而不是去听它。这样做将为你的声音注入一种不同以往的自信表现。

))) 身体姿势的力量

如今我们常常无法做到"不受周围环境所左右"。我们坐在办公桌前,一边低头弓背玩手机,一边努力想弄明白为什么自己似乎总是受到外界干扰。生活把我们束缚在一个小盒子里,当需要我们全身心投入的那一刻到来时,我们却对自己的声音感到困惑,为什么声音不像人们所期待的那样充满力量和自信。数字革命意味着每个人都要在脑力运作中花费许多时间,无时无刻不在紧盯手中发光的电子屏幕。你知道电子设备会分散你的注意力,但是你想过它们对你的声音会有什么影响吗?

"为自己挺身而出""起身站直,顶天立地""挺直脊背"……这些我们在生活中经常所说的话语恰恰揭示了行为与自信之间的联系。身体姿势是自信的深层核心。当你说话时,给予你勇气和胆量的是挺直的脊背而不是虚无缥缈的运气。挺拔的身姿可以让你找到自己的内核——一种不仅听起来很棒也会让你感觉良好的可靠状态。有力的背部会为你提供支持并赋予你勇气,让你知道如何利用自信和力量来坚持自我。

正确的站立姿势是找到声音厚度和内核最简单的方法。当你以正确的姿势站立时,横膈膜和胸腔可以支持肺部自由呼吸,你的喉咙也会处于正确的位置。因为喉头仅靠韧带和肌肉来支撑，所以如果头和脖子的位置摆放不对，你的喉咙就没有办法正常工作，这时你的声音会变得平淡而单薄。身体站不直，你的声音也会失去自信的光泽。当你保持挺拔的站姿时，你会发现声音自然而然就会变得有力量了。

由于过度依赖视觉，我们常常受限于眼前的方寸之地。我们的眼睛长在头骨前侧，因为有太多东西要看，所以眼睛优先倾向于把我们引向位于身体前方的空间。现在来试试这个：目视前方，倒着向后走，保持头和脊柱成一条直线（确保在安全的地方这样做）。当眼睛不再引导我们看向前方时，脊柱很快就会直起来。留意这种感觉。关注到背后的环境可以让我们的声音更好地工作。下次当你遇到优秀的演讲者时，注意观察他们的姿势。他们的后背是否挺直，身材是否显得很高大？你也可以在开会时观察周围的同事，如果有人低着头，整个人昏昏欲睡，观察他的声音是如何在这样的姿势里消失的。当你挺直腰板站立，满怀自信地看向周围而不是低头盯着手机时，你的身体状态、呼吸和声音自然而然就会变得更好。你的情绪会变得更积极，其他人也会觉得你更有自信。这是一个非常实用的"魔法"。

好的声音取决于好的站姿。挺拔并且舒展的身体姿势为发声创造了空间——就像吉他的琴身，声音可以在身体的"乐器"里产生共振，正如我们在第一章中所讨论的。弯腰驼背或者缩紧身体会关闭声音共振的空间，阻碍呼吸，让人无法清晰地发声。声音教练西塞莉·贝里清楚地指出：

如果你的背部向佝偻得很严重，肋骨将无法以其原本的样子自由移动……如果你把肩膀向前耸拉，头部马上就会向后移动以保持身体平衡，这时脖子就会变得紧张，潜在的身体空间也会受到限制，减少颈部共鸣。所以你看，脊柱上某一个点的弯曲不可避免地导致另一些部位弯曲来保持身体的平衡。[7]

试试这个：挺直腰板站立

这个练习虽然老套但是很管用。它会真实地反映你的站姿，以及姿势对你声音的影响。你需要一本书，以及一个能够在练习过程中可以录音的东西。

1. 正常站立，把头低下，像在用手机发短信那样。从星期一数到星期天，注意此时你的声音状态是什么样的。
2. 现在双脚分开站立，与臀部同宽（髋骨前部的宽度）。
3. 把书平放在头上。肩膀和手臂放松，自然下垂。
4. 现在你不得不挺直腰板对抗重力以保持书的平衡，尤其是脖颈后侧和脊柱上半部分，你的深层核心肌肉也必须收紧上提，仿佛有人抓着你的脖子把你提起来。为了让书保持平衡，你不能抬起下巴，也不能往里收得太多，下巴需要保持在中立位。现在再从星期一数到星期天。此时大多数人会注意到，脊柱直立让声音拥有了一种轻松的力量。当你低头看手机时声音会被堵塞在喉咙里，因为发声的通道不通畅。

5. 把书从头顶拿下来，但是保持脊柱挺直有力。再从星期一数到星期天。挺直有力的脊柱会让你的声音自然而然拥有更多的力量和自信。挺直腰板站立可以让你找到自己的声音。

你不可能一辈子都把书顶在头上，但是一旦你找到身体向上拉伸以及它作用于声音的感觉，就可以将这种感觉带到生活中。当生活的重压向你袭来时，保持你的韧性。站起来，打个哈欠，伸伸懒腰，就是这么简单。(如果你身处公共场所不方便站起来，你也可以做得不那么明显——偷偷打个哈欠也是一种非常好的舒展。)当你用打哈欠打开呼吸的空间并通过伸展打开身体的空间时，能量就会流动起来。这正是你创造激情的方式——打开身体，挺拔站立。你所拥有的控制力比你意识到的更多。

核心自信

头顶书本的时候，你的姿势肌[1]会努力工作，为站立、伸展等身体动作提供支持。此时你的深层核心肌群也会起作用。

---

1 一组用来稳定和调动身体的肌肉，可以令身体维持特定姿势，比如，直立。姿势肌又称为稳定肌，具有很强的耐力。

核心肌群包括腹部和下背部的肌肉，又叫竖脊肌，它们对身体移动和发声来说至关重要。当脊柱找到自然弯曲的平衡状态，肋骨就可以自由移动，呼吸通畅。这部分核心肌肉也是让声音听起来洪亮有力的关键所在。所以保持后背和腰腹一起用力的感觉，你就能找到身体自然向上的感觉（想想蹒跚学步的孩子那种轻松的姿势，而不是军姿），你的声音就越放得开。

来自前脚掌的能量

这个练习将帮助你通过启动核心姿势肌找到自然专注的声音。一旦熟悉了这个练习，你就可以随时开启你的声音。这个练习不仅会让头脑，还会让整个身体参与到讲话中来。呼气时，你可以借助姿势肌支持气息在体内流动，以此积蓄能量，为发声提供动力。

1. 找到你的前脚掌，就是走路启动时脚底发力的那个部分。
2. 将大脚趾用力压向地板。从星期一数到星期天。感觉前脚掌用力时核心肌群是如何参与工作的，此时它会为你的声音注入力量并提供动力。
3. 现在大脚趾放松，把重心移到脚后跟上。重复数星期一到星期天。你声音里的能量是不是变弱了？

4. 再次让大脚趾用力压向地板，感受力量重新回到你的声音里。(坐着做这个练习也同样有效。)

下面还有几个练习可以帮助你找到更多有关声音的力量：

- 面对墙站好，用手推墙。推的同时启动核心肌群，并从星期一数到星期天。当你留意你在与墙对抗时，肌肉用力的感觉，它会帮你找到声音的力量。你会感到自己的声音来自体内而不是头部。
- 如果你力量足够大并且背部没有伤的话可以试着把重物举过头顶，例如，凳子或椅子。挺直站立，双脚分开与肩同宽，感觉姿势肌在努力工作，为你的身体提供支撑。托举重物的同时从星期一数到星期天，感受肌肉的同时也在为你的声音提供动力，以便让它从体内发出声来。

强壮的背部，有力的声音

2009年，俄亥俄州立大学的理查德·佩蒂（Richard Petty）、巴勃罗·布里奥尔（Pablo Briol）和本杰明·瓦格纳（Benjamin Wagner）做了一项研究，他们发现，在评估一个人的思想确定性时，身体姿势会影响被试者的自我评价。端正的姿势让人对自己的想法更加自信。[8]

想要拥有洪亮并且自信的声音？答案就在你的身体里。我的建议是，你应该在那些需要对自己的想法充满自信并且大胆表达的时刻保持挺拔的身姿，这会让你头脑清醒，从而大声说出自己的想法。挺直脊梁讲话，当你完全与自己的身体产生联结时，你的声音就打开了。这也是为什么演员在为动画角色配音时，他们通常是站着的，并带有丰富的肢体动作。身体动一下，你的声音就会发生变化。当然，端坐也可以启动正确的肌肉，把声音打开。

应对"短信脖"

鉴于保持身体挺拔是自信讲话的关键，我认为当下阻止你找到自己声音的最大障碍就是"短信脖"——头部前倾的姿势。[9] 让我们来做个小实验。请拿出手机，滑动屏幕查看短信或社交软件。注意你的身体是不是向前倾向手机了？此时你的呼吸有何变化？你的气息跑到哪里去了？它们是不是从腹部和横膈膜处转移到了胸部？保持现在的姿势，说两句话。你的声音在哪里？是否被噎在喉咙里了？弯腰驼背会阻碍发声，你的声音堵在体内，想要把它从嗓子里挤出来似乎非常困难。

"短信脖"是老问题的新版本，自从卷轴被发明以供书写和阅读以来，这个问题就已经存在了。如果不加纠正，它很有可能成为我们身体进化的下一阶段。我们日复一日低头紧盯着手机信息，慢慢地，头部前倾/弯腰驼背成了身体的新常态。声

短信脖

带位于甲状软骨（喉结）的后面，头部前倾会压缩它的活动空间，导致声带无法正常发挥作用。

你的头大约有5公斤（约11磅）重，它每向前倾斜1英寸[1]脊柱就需要额外承受4.5公斤（约10磅）的负荷。[10]这时你不得不动用本来不必启动的肌肉来支撑头部，例如下巴。颈部和下颚的压力会使声音紧绷，甚至可能对声音共鸣产生影响。[11]你或许知道这种姿势不利于脊柱健康，但你没有意识到的是，它也是你获得表达能力与情感联结的一大绊脚石，更不用说这

---

1 1英寸=2.54厘米。

是对声音来说至关重要的核心力量了。研究发现，头部前倾会在扩张上胸腔的同时收缩下胸腔。[12]如果你看过肺部的图片就会发现，肺容量大多集中在肺的下半部分。阻断下喉部会挤压到下胸腔，肺活量也会随之下降。看到这里你应该意识到了，"短信脖"会削弱人的呼吸能力，因此它也会对你的声音产生影响。

甚至还有更糟糕的——"短信脖"会加重焦虑。当你注意力分散、姿势别扭时，肩膀就会变得紧张，身体也会蜷缩闭锁。弯腰驼背看手机——头低垂，眼向下，气息集中在上胸部——是一种防御性姿势，身体会根据这个姿势做出应对危险的反应，并触发"战斗—逃跑"反应机制。当这种压力反应和面对一大群观众所产生的压迫感结合在一起，你的身体系统就会陷入极度的恐慌之中。如果你的身体因为查看手机信息而呈现出一种屈从或防御姿态，那么它在你讲话时向观众传递出错误的信号就不足为奇了。

对很多人来说，"短信脖"已经成为一种习惯，这恰恰为你变得与众不同提供了千载难逢的好机会。如果你能挺拔地站立，不被周围环境干扰——声音专注，气息放松，腰板笔直——你就会成为那种人们愿意听他说话的演讲者。克服"短信脖"，部分源于自律，部分源于意识觉知，这里有几个练习可以供你尝试。

试试这个："短信脖"自查

看看照片和视频中的自己，你的头朝前伸了吗？如果有的话，就说明你有"短信脖"。

另一个检查"短信脖"的方法是靠墙站立或者坐着然后看手机，如果你感觉把头贴在墙上看手机的姿势很奇怪，那也说明你有"短信脖"的习惯。

试试这个：耳朵在肩膀正上方

身体知道该如何充满自信地讲话，这是你天生的能力。记住这一点可以帮助你快速摆脱"短信脖"。年幼的孩子天生就有强壮的背部来平衡他们超大的脑袋。作为成年人，当你需要在摇晃的火车车厢里保持平衡或在崎岖的山路上行走时，你也会自然地调整身体。所以你的背部其实依旧很强壮，你只需要让它工作起来。

问问你自己："我的耳朵还在肩膀正上方吗？"因为这里才是它们应该在的位置。无论何时，当你意识到自己的"短信脖"又出现，头向前倾超过了肩膀时，你要立即提醒自己："耳朵在肩膀上面！"我尤其会在感觉到累或长时间使用电子

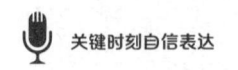

> 设备后提醒自己挺直后背。当我们感到疲惫或是情绪低落的时候，非常容易弯腰驼背。留意身体的变化并时刻记住"耳朵在肩膀正上方"不仅对调节情绪有帮助，而且对发声也大有益处。
>
> 你可以这样做：
> 1. 想象有一个人抓着你的脖颈把你拎起来，就像小狗被妈妈叼起来一样。
> 2. 现在把头顶和耳朵向后移动，来到肩膀上方。
> 3. 注意此时脖颈后部的肌肉是如何轻松向上提起，不再压迫脊椎的，头部在脖颈上方保持平衡而不是向前推出去。这是自然的脊柱正位，是你身体原本应该有的样子。

······针对"短信脖"和身体姿势行之有效的练习······

"在横膈膜的位置施加重量"是一个非常棒的练习，你可以每天做一做。这个练习来源于亚历山大技巧（Alexander Technique），我们会在第149页进行讨论。

力量与柔软

在注意身体姿势的同时,你会发现挺直站立会给你带来一种全新的力量。它与温柔相融合,是一种流动且灵活的力量,因为它根植于身体和呼吸之中,而不依赖一成不变、脆弱的自我感受。当我们被困在由头脑所形成的概念思维中,就会产生这种自我感受。强健的背部所带来的力量可以使内心变得温柔,让你能够与他人建立联结,这会滋养声音。

最近一项研究调查了用不同声音说"你好"时人们的相关反应。研究发现,那些融合了信任、力量又具有亲和力的声音最受欢迎。研究者指出,听众的喜好始终如一,信任、亲和力(温柔)搭配主导性的力量是高分演讲的关键。[13]

试试这个:关于"脊背有力,内心柔软"的冥想

这种冥想源于琼·哈利法克斯(Joan Halifax)的研究,是找到我们内在力量与温柔的好方法。[14] 它温和地提醒我们,身体姿势所带来的力量以及它对自信心的影响。你可以在任何时间做这个练习,但是在重要的日子来临或即将上台演讲之前,在家做这个练习对你来说尤其有帮助。

1. 把你的意识和呼吸带入脊柱,欣赏它的强壮与整齐。

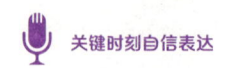

2. 闭上双眼，在脑海中想象整条脊柱，感受身体的能量沿着脊柱上下流动。
3. 摆正姿势后，轻轻地左右摇摆身体，从一边到另一边。
4. 注意你的呼吸。想想气息的循环：吸气，空气顺着脊柱向下流动；呼气，空气向上流动至身体前侧，把身体像拉链一样轻轻拉上。现在把意识带到腹部，让气息进入这里。随着腹部上下起伏，让呼吸变得深沉而有力。
5. 脊柱的力量能让你在任何情况下挺直腰板。你可以默念"脊背有力"，以此来提醒自己所拥有的力量。
6. 你的意识和背部是相连的。当你挺直后背时，感受头脑中刚正不阿与灵活应变相辅相成的感觉。
7. 深呼吸，将气息带入腹部，感受你与生俱来的勇气和坦率。再把意识转移到胸部，感受这里所蕴含的温柔与包容。
8. 感受决心的力量从腹部升起。敞开你的心扉，让自己充满活力。
9. 让气息流过心房，释放所有压力。默念"内心柔软"，以此来提醒自己是温柔的。

))) 放松的身体 = 自信的演讲者

在现代社会环境中，讲话是一件令人感到困惑的事情。理想的交谈风格要求你必须事先做准备，对讲话内容精雕细琢，但是表达过程要轻松。表达不仅要轻松还要切中要害——身姿良好、全情投入、真情流露、目视前方、声音清晰。这一悖论的艺术在于找到一种方法"做自己"，保持最佳状态。当我们感觉良好时，我们会感到踏实，能够专注当下。我们会变得友善健谈，并且带着能量和明确的目的来移动身体。我们不会试图躲避他人的关注。

想要在观众面前侃侃而谈，关键在于营造一种就像你在自家客厅和老朋友聊天一样的感觉。人们常常在面对观众时感到惊恐而渺小。他们让自己看起来像一名受害者而不是充满自信的演讲者。如果用莎士比亚的戏剧场景来比喻的话，这些演讲者把自己塑造成战战兢兢的仆人，而非全能的女王或国王。我并不是要求你去做一名全职电视传教士或者深夜聊天节目的主持人，所以不要惊慌，但是我真的希望你能在自己的最佳状态中找到自信。维夫·格罗斯科普（Viv Groskop）在她了不起的著作《如何掌控全场》（2018）中将这种状态称为"快乐的高地"（Happy High Status），我非常喜欢这个说法。

你可以把"地位"从1到10划分为10个等级，并加以衡量。依然借用莎士比亚戏剧作为类比，第1级是仆人，第10级是君主。生活中，当你和朋友在一起时，你处于第5级——轻松、自在、恰到好处。对一场小型会议来说，处在这个状态等级也还不错。但是当聚光灯投射在你身上时，你就得再往上提高几个层级了，你要到第8级。

在接下来的文章里，我将给你提供一些工具，帮助你在聚光灯下找回自信。我们从双脚开始，因为这是你自信开始的地方。

脚踏实地

"她是个脚踏实地的人。"这样的话我们应该很熟悉，它告诉我们相信自己并不难。双脚牢牢地踩在地板上对寻找你的声音至关重要。想要自信地讲话，你需要好好关注一下自己的双脚。为什么这么说？该怎么做呢？接下来我们就一起来看看。

你在穿过房间走向朋友时处于一种放松的状态，你所想的只是走到那个人身边而不会担心在这个过程中对方会如何想你。所以，想要自信地讲话，你需要在移动的同时找到这种走向老朋友的轻松状态。

研究显示，即使是想象自己走在坚硬的水泥路面上也会刺激我们的身体，改变呼吸，从而引发"战斗—逃跑"反应。然而，如果你想象自己赤足站在柔软的地面上，双脚放松，这会向身体系统释放轻松的信号。[15]劳伦斯·奥利维尔（Laurence Olivier）告诉演员们要"放松双脚，总是给呼吸留些富余空间"。你的双脚需要感到舒适并且放松，这样你的身体系统才能体会到真正的安全感。仔细挑一双合脚的鞋：任何会造成挤压、疼痛或让你站立不稳的鞋子都可能妨碍你表现自己的个人风格，或者影响你的心态。如果你正在为发言做准备，无论是商务活动还是讲座抑或是一次聚会，你都应该重视鞋子的选择，它甚至比声音更重要。一定要选一双能够让你踏实站立的鞋子。高跟鞋是一个既有利也有弊的选项，它确实让一些人感觉更自信，但是如果稍加留意的话你会发现，穿着高跟鞋往往会造成腰椎弯曲，迫使气息停留在胸部，这会让你的声音听起来更紧张。

根据经验来看，如果脚上的鞋不能让你舒服地走动（摇摇晃晃就是走得不舒服），那么你的声音也会受到影响。找一双合脚的鞋子，它所带来的足够的舒适感能够赋予你自信，让你轻松地呼吸和发声。

试试这个：找到你的"根"

这个练习将教会你与脚下的地面产生联系，换句话说，就是帮你找到脚踏实地的感觉。第一次练习时，你可以脱掉鞋子进行尝试，如果条件允许的话。一旦掌握了窍门，你就可以在任何地方进行这个练习：当你走上舞台时、加入一场会议时，等等。讲话的时候保持双脚放松的感觉。一旦你发现自己失去了稳定和力量，马上回到双脚站在地面的感觉上来。

1. 双脚分开与臀部同宽站立。感觉脚掌放松地踩在地板上。你也可以想象通过脚上的毛孔来呼吸。
2. 双腿放松，尾骨下垂，感觉下背部拉长。
3. 在脑海里描绘一处你最喜欢的自然景色，无论是海滩、公园或是花园。想象自己赤脚站在松软的地面上，感觉双脚慢慢放松。想象脚掌像树根一样，深入泥土，并向你的前后左右伸展。

当你站在观众面前时，保持脚下生根的感觉。登上舞台，让你的双脚扎根，然后呼吸；在讲话的间隙移动——不要一边说话一边走动，因为这样做会分散观众的注意力；在舞台上找到一个新的点，让双脚扎根，呼吸，继续演讲。这个过程会让你感到安全，无论你面对的是什么样的观众。

手该放在哪儿？

许多来访者问我，讲话时手该做些什么。答案很简单，当你把专注力放在身体上，姿势挺拔并且放松时，你的双手会自然而然地摆动。一旦你拥有了自信和自尊，接下来就是让手臂保持自然。

如果你认为有必要研究一下，如何使用自己的双手，你可以尝试做以下事情，我发现它们对我的来访者来说如此管用：

在放松的状态下观察你自己：找到手臂的自然姿势——注意当你放松并且感到自在时，手臂是如何运动的（把你的动作录下来或许会有帮助）——例如，在晚餐时手持酒杯，愉快地与家人或朋友谈天说地时的手臂姿势。这些姿势同样可以帮助你在观众面前表达自己的想法。

观察你在紧张时的习惯动作：留意自己在感到紧张时，会做些什么。你手臂会交叉吗？会紧抓着自己的手或是一支笔吗？会用手指指别人吗？或者把双手放在背后？你必须停止这些小动作。当这些小毛病出现时，你需要刻意训练才能发现它们的存在，但是如果你保持呼吸，放松双肩，你的双手也会随之放松下来。如果你担心自己在讲话时，紧张的小动作会不自觉地冒出来，你可以给自己录像，然后对照录像彩排，看看是否可以克服这些小毛病。你也可以邀请朋友观看自己的排练，请他指出你的小动作。当你注意它们的存在时，很快你就可以停止这些习惯性的小动作了。

放松你的身体：想要保证双手随时保持自然的姿势，最好的办法是放松肩膀、臀部和肋骨。演员在热身时会抖动身体，摇晃双腿、手臂和肩膀。他们知道，当身体放松时，你就不必为了手要放在哪儿而担心了，因为身体的移动会自然而然地发生。

> **试试这个：转动和摆动肩膀**
>
> 　　这是一个很棒的演讲热身练习，你可以随时随地做起来。我相信你能够判断这个练习中的哪些部分适合自己，并选择那些适用于你所处空间的部分。
>
> 1. 吸气时把双肩向上提，呼气时让它们自然下落。
> 2. 用肩膀缓慢地向前画圈，然后向后画圈。反复做 5 次。
> 3. 在保证不会撞到任何东西的情况下，让你的右臂前后摆动，如果感觉还不错，就甩动胳膊画一个大圈。转完 10 圈后换左臂。
> 4. 轻轻抖动双手，释放紧张感。
> 5. 最后，舒展双肩，让它们变宽（你可以全天候注意这一点），想象你背上有一双天使的翅膀！

如何让自己在舞台上更有自信

　　暴露在聚光灯下会迫使人们封闭自我，可能表现为双臂交叉环抱在胸前，躲在讲台后面，或者埋头于笔记本电脑和电子设备。此时，我们恨不得将自己缩到地缝里。

　　自信讲话的秘诀在于接纳我们对聚光灯的恐惧，有意识地敞开心扉而不是自我封闭。作为演讲者，你需要在观众面前表现出比自然交谈时更强的气场，占据更多的空间。当你以合适的方式站立，姿势舒展并且具有表现力时，你的声音便随之打开，能量也得以释放。

> ### 试试这个：气势恢宏
>
> 这是我曾经学过的练习。"气势恢宏"这个名字当之无愧，因为这个练习确实会让你感觉更有"气势"一点。你可以将本章所讲的一切应用到这个练习里。在开始演讲之前，利用早上的时间在家做这个练习；或者在周围没有人的情况下，在活动现场做这个练习。
>
> 1. 把注意力集中在身体上，放松双脚。保持身体稳定——想象你的头上顶着一本书——挺直腰板，找到内心深处的力量，这是你的动力之源。
> 2. 努力张开双臂，确保眼睛的余光可以看到两侧指尖。从星期一数到星期天，让你的声音和能量向外流动，充满整个房间，而不仅仅局限在面对面交谈的范围内。
> 3. 慢慢放下手臂，但是保持手臂张开时对余光所及范围的感受以及扩大的个人空间的感受。再次从星期一数到星期天，让你的声音尽量放开。

能量与方向

一旦找到了自信的关键,并且知道了处于聚光灯下时,该如何扩大个人空间感,你下一步需要做的就是在移动时心无旁骛。

通过观察那些充满自信的演讲者,你会发现:他们在观众面前走动时,表现得既自然大方又目标清晰。他们身上充满能量,方向明确。

其实你已经知道该如何轻松地、活力满满地同时又带着方向感在舞台上走动演讲,因为你在放松时就是这么做的。想想阳光明媚的假日清晨,你的每一寸肌肤都备感舒适,此时移动身体是因为你内心有明确的想法,想要去做些什么。这些移动简单而有目的性。

现在回忆一下最近一次你感到紧张的经历,可能是在面对观众时,或者迫于压力不得不举手发言时。别人的注视会让日常行为——简单如走路、站立、举手——变得有些奇怪,你会感到害羞甚至变得笨拙。你的大脑里冒出太多焦躁不安且不自觉的想法,它们流入身体让你感到坐立不安。

焦虑会使我们对自己的内心世界保持高度警觉。我们会猜测别人的想法,小题大做,悲观地认为自己会把事情搞得一团糟。我们为自己创造了一部心理剧/灾难电影,并任由它占据我们的大脑。由于这些糟糕想法,我们会不自觉地做出一些小动作;而当我们变得烦躁和焦虑时,别人也会为我们担心——

这是一种传染病。

那么问题来了：如果你知道自己可以在某些情形下轻松自如并且目标明确地走动，那么当你登上舞台或者走进一间挤满人的会议室时，你该怎么做呢？答案很简单：打破焦虑思维模式，照着你练习好的样子去做。在这里你需要一个技巧，叫作"人体摄像机"。

试试这个：人体摄像机

我经常把这个技巧教给那些喜欢活在头脑里，对自己的一举一动都要进行分析的人。他们常常会在焦虑袭来时感到心慌意乱、紧张不安，很容易多想。如果这种情况也发生在你身上，最简单的"解药"是学会更多地依靠感受而不是思考，把自己变成一台"人体摄像机"。讲话是一件关乎身体的事情，所以，移动时保持对身体的觉知是非常有必要的。老师给我的建议是"跳出头脑"，我希望你也能接受这个建议（见第118页）。

这个技巧的关键在于，模仿你在放松状态下的行为。想想度假时的情形，当你穿过一座夏日花园时，你会为自己设定一个方向，然后以一种清晰、充满能量的方式向着目标移动。（如果你想知道那些在移动中掌控方向的大师是怎么做的，可以观看优秀的舞蹈家或者网球运动员的表演或比赛，他们在舞台或赛场上的移动不仅路线清晰而且目标明确。）当你以这样的方式移动时，你的身体感知会启动继而将你引向正确的方向。

1. 进入你的感官意识，取出"摄像机"。你可以看到、听到、感受到、闻到、尝到哪些你以前没有注意到的东西？让摄像机捕捉更多细节，这会使你的内心平静下来。
2. 现在选择一个你想要到达的地点。设置好方位并朝这个位置移动，在移动的过程中把注意力放在你能看到、听到、感受到、闻到、尝到的事物上。走到你所期望的位置，停下来，呼吸，双脚稳稳地踩在地板上。

我在辅导演讲者时，常常帮助他们练习在移动和停顿的同时使用"人体摄像机"这个技巧。这会让演讲者看起来放松并且善谈，同时它也意味着当你处于聚光灯下时，你同样可以带着轻松的能量和方向感移动身体。你会注意到，当你信心十足地移动身体时，你同样也会自信地发言。

))) 进一步改善你的体态

如果你想通过练习进一步改善自己的身体姿势，你可以向运动员、舞蹈演员、歌手和其他表演者（还有很多非表演者，包括我）学习，也可以向经过专业训练的老师求助，跟他们学习亚历山大技巧、瑜伽或者普拉提。这些训练对你非常有帮助，它们可以帮你找到身体正位并打开体内的空间，这会让你在移动和讲话时充满自信，轻松自如。

如果你可以找到老师进行一对一练习是最好的。有很多集体课程也不错。现在还有不少线上课程，不过条件允许的话，我建议你先跟随训练有素的老师上几堂线下课，因为我们对自己的习惯视而不见，而老师可以很容易地指出你的问题所在，并进行针对性的练习。

亚历山大技巧

亚历山大技巧（Alexander Technique）是一个非常强大的系统，可以帮助你找到自己的声音。于我而言，再怎么推荐它也不为过。亚历山大技巧的创造者弗雷德里克·马西亚斯·亚历山大（Frederick Matthias Alexander），1869年出生于澳大利亚的塔斯马尼亚州。亚历山大年轻时就成为一名戏剧作品朗诵者，但是后来他失声了，医生对此也无能为力。绝望中，亚历山大开始通过镜子观察自己，他意识到自己在朗诵时的身体姿势，实际上是造成他失声的原因，他本以为这些姿势充满了力量和自信。于是，如他所说，他用新的方法"使用"肌肉组织，他的声音也随之恢复。尼古拉斯·廷伯根（Nikolaas Tinbergen）在1973年诺贝尔奖颁奖典礼上的演讲中，谈到了亚历山大的工作，他说："这个故事——一个没有受过医学训练的人所表现出来的洞察力、智慧和毅力——是关于医学研究和实践的真正史诗之一。"[16]

解决自己的声音问题之后，亚历山大没有就此停止。他意识到自己并不是唯一一个因为习惯而无法找到轻松而优雅声音和动作的人。他开始把自己的方法传授给他人，他的学生后来接替了这项工作。现在，亚历山大技巧是表演训练的主要内容之一，我也是在表演训练中接触到亚历山大技巧的。和老师一对一的课程训练不仅提高了我的睡眠质量，让我的行动更加优雅，还帮助我找到了以前从未奢望过的内心平静。亚历山大技巧使我的声音重获自由。正如廷伯根在演讲中所言："他注意到，使用亚历山大技巧可以让人们在高血压、呼吸、睡眠深度、整体愉悦感、精神警惕性、抗外部压力的弹性等方面得到显著改善，在演奏弦乐器这样的精细动作方面也会有惊人的进步。"[17]

亚历山大技巧课程的内容都有哪些呢？老师会非常温和地观察你的运动模式，然后引导你以最佳的方式"使用"身体，从而帮助你审视身体的正位，让你的运动轻松自如，一如年幼时你曾拥有过的不受限制的行动自由。亚历山大技巧将会带你回归基础：你将学习如何使用简单的移动完成站立、行走、坐下以及平躺等动作，在过去日积月累所形成的习惯基础上，这些动作或许已经变成身体的一种直觉。你会发现，当脊柱不受挤压、姿态良好时，轻松自在的感觉也随之而来。这是一种很棒的感觉，它会为你的生活注入新的平静。

我在使用亚历山大技巧的过程中，经历了廷伯根所说的那种转变，亚历山大技巧已经成为帮助我找到平静与专注的关键，二者完美地融入我的生活。

普拉提

普拉提（Pilates）是由约瑟夫·普拉提（Joseph Pilates）设计的一种运动方式和技巧，在舞蹈界被广泛使用，现在正逐渐成为主流的运动方式。普拉提能够帮助人们打开身体和呼吸。借助重力帮身体找到呼吸的空间是一种绝佳的方法，让我们能够探索如何以更有力、更轻松的方式呼吸、发声和移动。普拉提练习虽然动作简单却具有很高的挑战性和"深度"，足以让人终生研究探索。普拉提有很多种，其中最纯粹的形式是古典普拉提，由约瑟夫·普拉提创造。你需要借助普拉提所设计的一些器械——核心床、椅子、凯迪拉克床等——提供额外的负重，以便进行更深入的练习。这些练习对头脑、身体和呼吸都极其有帮助。除了古典普拉提，还有很多其他形式的普拉提也都很不错，值得一练。如果你附近找不到古典普拉提教练，也可以找一些有舞蹈背景的普拉提老师来指导你，在专注于建立深层核心支撑的同时通过运动打开呼吸。在开始练习前一定要了解指导老师所接受的训练。你要确保老师接受过至少一年以上的普拉提专业指导训练，如果他还接受过舞蹈或表演方面的肌肉训练那就更好了。

瑜伽

　　市面上有很多的瑜伽（Yoga）课程，能够满足各种能力水平的需要。如果你是初学者的话就选择初级课程，或者混合级别课程。在开始练习前告知老师你的练习水平和身体状况，如果你曾受过伤的话也要提前告知老师。瑜伽老师会带领你做一系列的体式或动作，让你的身体和呼吸变得舒展畅通。瑜伽这个词的意思是"束缚"，它的目的是让你驾驭心灵—身体—呼吸。

　　瑜伽有不同的类型，对初学者来说，哈他瑜伽（又称传统瑜伽）是一个不错的开始，其课程往往会涵盖瑜伽练习的基本内容。阿斯汤加瑜伽是结合了动态与力量的瑜伽，课程节奏紧凑。如果你擅长运动，那你很快就能掌握其中的诀窍。不过阿斯汤加并不适合所有人，尤其是不适合作为瑜伽的入门练习。艾扬格瑜伽对我帮助极大，因为它会教很多关于身体姿势的细节，这些都是影响声音的关键因素。阴瑜伽和修复瑜伽在深度伸展和放松方面的效果很好，对发声和呼吸也非常有帮助。如果感兴趣的话，你还可以去听有关吟诵的课程，这也是一个可以帮助你打开声音的好办法。

))) 常见问题

Q：在办公桌前坐了一天，这让我的声音听起来单调平淡，对此我可以做些什么呢？

A：这里有三个快速练习可以让你的声音活跃起来。

1. 抖一抖：找一个安静的地方抖动你的双臂，还有双脚和双腿（如果需要的话，你可以扶着旁边的东西来保持身体平衡）。

2. 拍一拍：让血液流动起来。用手掌顺着左腿前侧从上到下轻轻拍打，然后换到左腿后侧，从下至上轻轻拍打。以同样的方式拍打右腿还有双臂。用手指轻柔地敲击头顶，像雨点落在地上一样。如果方便出声的话，你可以一边拍打胸部一边拖长声音说"吗（maaa）"。以同样的方式拍打腹部。

3. 跳一跳：上下跳动的同时说"吗（maaa）"。感觉真的要把声音从身体里抖出来，让它在你的周围嗡嗡作响。在环境允许的情况下，你也可以试着一边跳一边喊口号。

Q：在办公桌前坐得太久让人感觉浑身僵硬，当不得不面对观众进行展示时，我觉得很困难。该怎么办？

A：久坐会让人关闭气息收紧臀部。这种紧张感会影响声音，扰乱你内心的平静，将你拖入"战斗—逃跑"反应之中。在公开场合讲话前，做一些温和的伸展运动热热身，可以帮助你放松身体，减轻压力。

关键时刻自信表达

1. 用一条腿站立，另一条腿按先顺时针再逆时针的方向画小圈，然后前后摆动这条腿（如果需要的话，你可以靠在旁边的物体上来保持平衡）。
2. 恢复双脚站立的姿势，感受臀部周围和体内的肌肉是否更加放松，而你的呼吸是否也因此变得更加顺畅了。
3. 换一边，然后重复上述动作。
4. 现在双脚分开与臀部同宽。身体挺直，想象你站在两块玻璃中间。
5. 双手合十举过头顶。
6. 向左弯曲——身体向上提起的同时向左弯曲，从头到脚伸展右侧躯体。想象你是一棵立于风中的柏树。
7. 现在换另一边。
8. 注意完成拉伸后你的气息是如何触及肋骨处，以及声音是如何变得更自由的。

Q：为什么我觉得这种新的正位站姿有些不自然？

A：想要改善身体姿势，最大的挑战来自固有习惯。双臂自然交叉，然后把两条胳膊换个位置再试一下。感觉很奇怪，对吗？任何不符合我们习惯的事情一开始做起来都会感到不自然。但是如果你继续以那种不自然的方式交叉双臂，不一会儿你就会开始觉得适应了，它会变成一个新习惯。这也是我们想要的——养成一个新习惯，这需要一些练习。

小结：声音小贴士

- 想要拥有好的声音，身体姿势是关键。因为它可以为发声创造畅通的渠道，让你找到自信和能量。
- "短信脖"——我们必须时刻留意头部和脖子前倾的身体姿势，因为它会对我们的声音产生负面影响（给声音带来不必要的紧张感，并且让呼吸受限）。通过保持耳朵在肩膀正上方可以纠正"短信脖"。
- 发言之前活动一下身体可以放松，让你能够更自然地在舞台上走动和讲话。
- 挺拔的身姿和正位可以帮助你建立自信，正如前文所说："脊背有力，内心柔软"。温柔与力量的平衡是塑造好声音的关键。
- 普拉提、亚历山大技巧和瑜伽都是不错的训练，可以帮助你锻炼肌肉，以正确的方法使用肌肉有助于发声。

第四章

关键时刻，大胆发声：享受展示自我的乐趣与兴奋

"勇气（courage）"是一个与心相关的词语。这个词的词根是"cor"——拉丁语中的"心"。根据其最早的形式，"勇气"一词的意思是"通过让别人了解你的内心从而表达你的想法"。……我认为，发自内心的表达是"朴素的勇气"。

——布琳·布朗（BRENÉ BROWN）《我认为只有我自己（但并不是）》
（*I Thought it Was Just Me (But it Isn't)*）（2007）

是时候轮到你发言了——在大家的交谈中冒出了一个空档，当你走上讲台，或者某人问了你一个问题时。借着这些机会你可以打破沉默，提供新的见解，打开听众的思路。此时你会因为紧张而说错话或结巴吗？还是会大胆表达自己的想法，引起别人的注意？这些都是非常重要的时刻，因为如果你在讲话时充满自信，人们便会记住你，由此你便可以脱颖而出。当你带着自我觉知、同理心和勇气讲话时可以吸引别人的注意，让他们在纷乱嘈杂的世界中听到一个专注的声音。

在前几章中，我们从马斯洛需求层次理论的最底层开始向上逐级练习，这都是你能够做到大胆发言的坚实基础。有了这些基础，你就可以勇敢地迈出一大步——讲出心声，令人瞩目。想要做到这一点，你需要相信自己，让自己专注当下，忘掉焦虑，这样你才能全身心地投入并倾听，而不会迷失在自己的胡思乱想中。

大胆发声并不是卖力吆喝，歇斯底里只是表达焦虑的另一种方式。我在这里所说的是自我实现——马斯洛需求层次理论的最高层级。马斯洛对这种形式的自信进行了描述，它应具有以下特质：保持独立性、自发性以及天性的能力，能够自嘲，能够与他人建立联系，以及能够专注于一个超越小我的目标。要找到自信，真正地实现自我，你可能需要克服原有的条件，它教你要完美，要合群，要乖乖坐下来，要闭上嘴。作为一名演讲者，实现自我意味着进入一种状态，在这里一切都会变得不一样。在这种状态下，你能够大胆地表达，吸引人们的注意，并且让改变发生。

在这一章中，我们将要探讨：

- 为什么大胆发声，展示自我的秘诀是贡献而不是竞争。
- 自信对话的艺术，以及为什么倾听对它如此重要。
- 为什么说千万不要让"完美"成为自信的敌人——如何做到先"编辑"，再表达，从而控制你的完美主义。
- 工作、休息和游戏："大胆发声，展示自我"的三个阶段。
- 如何掌控你的语言。
- 能够帮助你找到力量，轻松发言的工具。

为什么是你？做出贡献，不要攀比

我们应该做出贡献。不是为了夺人眼球，不是为了争取下一个工作机会，仅仅是为了做出一些贡献。我比别人做得好吗？还是不如别人？……我不在乎……因为贡献无关比较，它会让人们眼前一亮。

——本·赞德（Ben Zander），指挥家[1]

关于如何像成年人一样得体地讲话并没有什么标准，你得自己学会判断。你不会想要在房间里其他人都吵得不可开交时扯着嗓子"力压群雄"；也不会想要做一个沉默的幽灵在人群边缘徘徊，话也不敢说。你想要成为一名放松、专注、有参与感的贡献者，知道自己何时开口、说些什么，以及同样重要的——该在何时保持沉默。你想要成为能够根据不同情境选择沟通方式的人，这个人可以推动沟通，而不是重复别人已经说过或是已经明白的事情。你想要的是做自己——专注、镇定、理智。

但是当压力来袭时，想做到以上这些并不容易。如果舞台属于你，你要如何鼓起勇气迈出第一步，同时坚守信念发出心声呢？如果需要在嘈杂的环境中发言，你该如何见缝插针引起别人注意，让他们侧耳倾听而不是忽视或者盖过你的发言呢？如何做到所讲的话让人难忘、鼓舞人心并且令人信服，而不是在一堆自我意识中纠结呢？

人们对大胆发言常有误解，认为大胆发言就像自拍一样，"咔嚓"一声按下快门的那一刻就是全部，其目的仅仅是向他人宣布"快来看我"，收割他人的关注。现代的生活方式对大胆发言毫无帮助，它促使人们内心的完美主义加速膨胀，置身于公众场合的每一刻都成为一个潜在的"特写镜头"。对这个"看脸"的时代而言，其危险在于这让我们变得有点过于关注自我，总想拥有完美的外表、精致的表现和恰到好处的形象。这样的环境让我们带着攀比的心态去思考——谁最受欢迎谁就是那个最被认可、最完美的人。我们错误地认为自己必须时刻保持冷静、优雅和专业。

对一名演讲者而言，这种沉溺于自我的文化，以及对他人的喜爱和认可的迷恋会让你的声音、独立性和自信心失去生命力。错误的心态让作为演讲者的你感受到自身渺小且平庸，因为你只关注自己；或者更糟糕的是你会提高嗓门夸夸其谈，因为你太渴望得到别人的认可。这两种方式都不会让你在一众演讲者中脱颖而出。作为观众，在聆听某人演讲时，无论他过分平静还是表现浮夸，我们都会感到腻味。对观众而言，他们喜欢的是镇定、专注、自知并且自信的演讲者——那种能够自我实现的演讲者。这样的演讲者勇于做自己，他们对自己所说的话抱有信念，不需要将别人的认可作为发言的动力。

大胆发言不是要你成为"最好"的演讲者，而是为了推动事情取得新进展。你可以随心所欲地做自己喜欢的事情，但是如果你的行为对其他人没有帮助，它们就是以自我为中心的无谓追求。除非你找到自己的声音，大胆表达，让这个世界变得更好，否则言语还有什么意义呢？

如果你想大胆发言并展示自我，那就把竞争抛在脑后，将精力集中在做出贡献上。正如本·赞德所说："没有比做贡献更好的事情了。"那些懂得何时该开口发表意见何时又该保持沉默的人，他们所具有的特点之一就是清楚自己的贡献是什么。"为什么是我？"当你搞明白这个问题，就知道应该在什么时候发言以及在发言时该说些什么了。"为什么"给你的演讲赋予目标和个人价值，更重要的是，"为什么"——为什么是由你来做出贡献——让你能够不带攀比的心态去倾听他人，因为你可以为观众提供与众不同的东西，一些能够与他人形成互补而不是使其黯然失色的东西。当你明白了"为什么"，你就可以将自己的音符融入事物整体的乐调之中，而不必成为孤零零的独唱者与他人竞争。

抱着竞争心态的演讲会浪费你大量的精力，它会阻止你成为一名优秀的演讲者。当你求胜心切时，你就会被头脑里的排名游戏困住——谁做得更好？我的演讲听起来怎么样？竞争的想法让我们失去大胆发言的勇气，变得不自然，也无法做到敞开心扉、反应迅速。你可能会发现，这种竞争状态会刺激"敌人"系统启动。我们之前所学的帮助你放松，回归平静之源（"朋友"系统）的方法可以减少攀比想法出现的概率。如果能做到这些，对你来说就是进步。

有时候我们需要有意识地调整旧的习惯。无论你是在为即将到来的重要时刻（或不那么重要的时刻）做准备还是已经站上讲台，时刻提醒自己为观众做贡献而不是与人竞争。这将对你非常有帮助。

那么，要怎么知道你是否在和别人竞争呢？

- 你感觉自己无法思考，与世隔绝。
- 你听到脑海中有个声音（表演教练薇奥拉·史波林（Viola Spolin）称为来自你的过去的"幽灵之声"[2]）在对你说，"你做不到""你真笨""好丢人""别人比你强多了"。
- 你担心人们的想法，尤其是他们是否会喜欢你或认可你。
- 你需要得到别人的认可，如果你感到别人对你不认可，就会感到担心和焦虑。
- 你认为事情不是成功就是失败，如果失败你会想"这是一个灾难""我是一个失败者"。
- 你注意到你在跟别人做比较——他们更优秀、更专业、更有趣，而你一无是处。
- 你发现自己很难与观众互动和共情。
- 你感觉很难将想法说出口，因为担心自己出错，或者你需要通过炫耀来博人眼球。

进入贡献模式可以帮助你短时间内找到自己的声音。近些年来，我投入了很多时间在儿童音乐课上，教学步期儿童和他们的陪伴者唱歌。这些课程的目的是培养孩子们对音乐的兴趣。在上课的过程中我注意到，很少有成年人和孩子一起唱歌。即便在一个没有人会真正关心你表现得有多酷或者唱得有多完美的环境中，即使只是为了激励孩子，大人们也不会开口唱歌。我不得不提醒他们去注意，如果大人一直拒绝唱歌会给孩子传递怎样一种信息呢？成年人的脑子里好像有一个"编辑器"，无论何时，只要我们发出自己的声音，这个"编辑器"就会启动——"太丢人了，快闭嘴吧""你就不是唱歌的料"。你可能在小时候听到过这些陈旧说辞，但是作为一个成年人你不必再受其折磨，你可以关掉这个"编辑器"。这一点我在儿童音乐课上看得很清楚。每当有孩子过生日需要大家要一起唱《生日快乐》歌时，每个人都会开口——因为这一刻与谁在唱歌无关。一心只想着做出贡献可以帮你释放自我。

你并不孤单

在那些重要时刻，了解你的听众和定位是非常必要的。你不是在演独角戏。你的身后有一群"同伴"，尽管他们可能并不在现场。你的"同伴"可能是一个团队、一个组织，也可能只是一个促使你发表演讲的缘由。用这种为了"我们"而不是"我"的感觉来讲话，有利于你对脑海里的忧虑做出客观判断，将其放在更大的背景下重新审视，而不是局限于自己的想法。为了一个比满足自我更宏大的目标服务，可以展示出自己最好的一面。

当你沉浸在贡献之中，将令人焦虑的攀比之心抛在脑后，你会意识到，所有担忧都是在浪费时间。没有人会像你对自己那样，对你做出如此严苛的评判，因为事实上大部分人都在忙着思考自己的事情。在讲话的过程中，将注意力集中在自己的缺点、焦虑和权衡利弊上，就是在浪费大好的精力，而这些精力本可以做出贡献，这会让它们更有价值。自信的演讲者从不考虑他们可以从观众那里得到什么，而只是关注自己可以给出什么。当你专注于贡献而非攀比时，你会发现自己可以潜心于当下的体验，不会退缩。

对所有人而言，因为某件事而踟蹰不前总会令人感到紧张。我敢说话吗？我会被接纳吗？其他人会评判我吗？我够好吗？做出贡献会抵消这些焦虑，它赋予你主动发言的勇气，让你不必被动地等待他人的认可。在经历了焦虑的折磨之后，这种自信仿佛一股清新的气息让人感到舒畅。

当你专注奉献时，生命会变得更加有趣：

- 在这里你感觉"我可以做自己"。
- 你有一种平等的感觉——你表现得不卑不亢，值得尊重，你像对待朋友一样对待其他人，而不是把他们当作高高在上的偶像。

- 和别人在一起时你很放松，能够与他们建立良好的联结。别人取得成功时，你也能由衷地为他们感到高兴，因为你有自己的事情要做，无须和别人攀比。
- 你对事物有整体认知，不会纠结某个方面。你知道是什么驱动你，大胆地表达自己的想法。
- 专注当下。
- 你从讲话中获得乐趣，时间过得飞快。
- 你的大脑保持安静，脑海里没有或者只有微弱的一点杂念。

试试这个：做出贡献的步骤

你学过的所有关于回归平静之源的内容都可以帮你学习如何充满自信地做出贡献。作为一名演讲者，把"我能帮上什么忙？"而不是"我要怎么赢？"当作价值的关键所在，因为你的创造力、同情心和能量皆源于此。当你富有创造力，能够共情他人并且精力充沛时，你就可以表达真正的自己。

找到以下问题的答案可以帮助你展现自身活力，并在重要时刻找到自己的声音：

- 为什么是你？为什么这个时刻对你而言很重要？重要的事情是什么？你在乎的是什么？
- 促使你讲话的动机是什么？你在为谁说话？花点时间来搞清

楚你讲话的动机，还有你的"伙伴"、你的团队。
- 你能贡献什么？你可以为这次会议、聚会或者活动带来什么独特的贡献？什么会让你觉得自己和别人是平等的？回想一下过去的经历，你曾做出过哪些贡献，这些贡献又为别人带来了哪些改变。
- 在这间屋子里，你的职责是什么？在眼界和经历方面你可以贡献哪些独一无二的东西？
- 如果你缄口不言会怎样？你的沉默会给观众带来什么潜在的风险吗？在脑海里清晰地描绘你在沉默时对别人造成的影响。然后大胆地说出你的想法，以避免这些情况的发生。
- 如果你说话了又会发生什么？对听众而言，听你演讲的潜在回报是什么？在头脑中清晰描绘出，你期望未来会发生的改变——看到这些改变，听到它们，感受它们并朝这方面努力。
- 你最想展现的品质是什么？自信、风趣、权威、冷静、从容、幽默、善良，或是所有这些品质的结合？找到方法去触及内心的情感。如果你希望观众兴奋起来，你要先想想是什么让你对这个话题兴奋不已，谈谈这些。你可以说："我对……感到很激动。"在脑海中绘制一幅地图，标出演讲的各个节点和你希望观众在每个节点上获得什么样的感受，这会影响你所说的内容以及你的表达方式。

关键时刻自信表达

))) 自然交谈的自信

我们都有过这样的演讲经历——在无聊的幻灯片演示过程中,演讲者使用的设备突然出现故障。你注意到此时发生了什么吗?演讲者会抛开电子设备,开始正常讲话。这对观众和演讲者来说都是一种解脱。演讲者开始像正常人一样面对着观众讲话,而不是背对着观众,用平淡乏味的语调冲着幻灯片滔滔不绝。他的眼神和声音都亮了起来,整个人充满了生气。

这种突如其来的自发反应会对听众产生触电般的强烈影响。我们的注意力被演讲者的无意识行为一下子吸引过来,刚刚还死气沉沉、了无新意的东西突然变得更有吸引力了。我想这种情况不仅现在有,过去也有——莎士比亚时代的观众特别喜欢看舞台上出岔子。在当代喜剧、戏剧和音乐中,你也会发现类似的情况。当台上的演员不得不面对突如其来的变动、诘难,或者是其他问题时,这时演员们会打破"第四堵墙"[1]。这时候台上和台下相连接,观众乐在其中。这就是为什么表演者常说"不要和动物还有孩子一起表演"——那些不可预测的东西会吸引所有的注意力。你可以通过在事先准备与即兴发挥中寻找平衡,来使自己的演讲水平得到真正提升,而不需要借助一堆花里胡哨的装备。在演讲前做好充分准备,你就可以做到即兴发

---

[1] 戏剧术语,演员在想象中树立一道墙,将自己与观众隔开。

挥，对观众来说这样会更有趣。

为什么当看到演讲者轻松从容，用自然交谈的方式说话时，我们的注意力会一下子被抓住呢？因为我们看到了演讲者身上的自信，他相信自己有足够的能力来游刃有余地面对各种情况，并且不会因为过度排练而让自己变得呆板。我们喜欢演讲者在面对压力的情况下，依然能够保持和正常交谈时一样的语调和节奏并且声音洪亮，这会创造一种信任感。人们习惯性地评估信任。如果你的语气轻松自然，你的想法和表达就会变得和谐，观众可以放松身心专心听讲。此时，你的内心与外部世界融为一体。

如果观众因为你的内在和外在所传递的信息不一致而无法理解你，他们就会变得心神不宁。当你含糊其词、口齿不清或者过度用力，想要让自己保持完美并且掌控全场时，观众会感到奇怪，想要探究你在隐藏什么。他们会因此停止倾听你的讲话，转而试图（至少是无意识地）去弄清你的意图。声音过高或者太咄咄逼人都不会让人感到可信。这种声音意味着肾上腺素分泌过多、自私自利，并且缺乏同理心和联结。同样，一个过于细弱或犹豫不决的声音则意味着没有自信，无法在重要的时刻挺身而出。只有当你的讲话自然流畅、充满自信、表里如一时，你才会收获观众毫无保留的关注。

自信讲话比在以往任何时候都重要。在旧时代的公开演讲中——想想那些讲台、演讲稿、蓬松的发型，还有巨大的舞台——你可以躲在精心打磨的面具背后。但是现在的世界不再接受这一套了。我们现在需要的是有所准备的本能反应，以应对 24 小时不断发生的新鲜事以及随时开启的智能手机镜头。精心设计的拍摄场景、外形和台词已经不再适应现代社会的节奏，像 TED 和 YouTube 这样的平台已经改变了我们对演讲者的期待。我们期望演讲者表现得轻松自然，但同时他们的思路要清晰，开口讲话之前要先在脑子里打好草稿。

自然交谈的关键在于放松自己。你要在舞台上做自己，就像和朋友在一起时一样。这需要练习，因为想要在聚光灯下保持轻松必须有所准备，就像厨艺大师想要轻松烹饪出美味必须精心准备食材一样。大多数人对"在压力下保持自然状态是需要练习的"这个想法感到有些意外，你得知道，并不是说你闲庭信步地走上舞台，一切精彩就会如你所愿地发生了。你需要好好准备讲话的内容，仔细规划，让自己在那些可能看似不自然的境况下感觉自然。观察世界是实践的第一步。所以，去观察那些你欣赏的演讲者，看看他们在观众面前是如何做到表里如一、轻松交流的。你或许会注意到，这些演讲者都能够觉察自己、冷静，身姿端正，并且在发言时都充满自信。

现在开始思考，你该如何让自己在重要时刻表现得更自然。在脑海中想象出一幅画面，画面中的你自然地对观众进行演讲，这对你非常有帮助。在这个理想的画面中你看到、听到了什么？我常在令人紧张的演讲或会议开始前做这个练习。我会有意识地在脑海里制作一部迷你电影，想象自己在观众面前微笑，享受别人的注视，同时在他们的回应中做回自己。你脑海中关于自己轻松自在、侃侃而谈的形象越清晰，你就越能够专注当下，享受与观众同在的时刻，而你真正迈向理想状态的脚步也会越轻松。我会想象自己真的站在观众面前，花上几秒钟留意他们，我看到他们对我所讲的内容做出反应，而我也会不断地根据观众的反应做出回应，就好像我们在进行一场伟大的对话。这种用心倾听和身临其境的能力是优秀演讲者的"秘密武器"。

好的演讲离不开倾听

好的演讲者首先是一名好的倾听者。你会发现，那些在讲话时表现得轻松自在，语调富于变化的人，他们总是在倾听。倾听是语调变化的燃料，正如空气是声音的燃料一样。这就是为什么照本宣科念稿子和对话式的演讲听起来如此不同的原因。为什么一些演讲者在问与答（Q&A）环节会变得更有活力？因为此时的他们必须放下讲稿，专心倾听观众的提问。

因此，我希望你开始留意，自己在那种令你真正沉浸其中、享受此刻的对话里是如何倾听对方的。当你和朋友轻松地聊天时，注意力都在对方身上，你不用在脑子里琢磨接下来该说什么。这种轻松的状态让你的声音充满活力，因为你可以对正在发生的事情做出即时的反应。将这种能力运用在舞台上也非常有效。尽管被成百上千的观众盯着和面对朋友的感觉似乎有些不一样，但你可以用同样的方式来倾听。（这要求你在脑海中必须有非常清晰的逻辑结构。）优秀的演讲者可以从其所处的空间中汲取能量，他会邀请观众提问，利用观众给出的信息来让自己的想法保持活力。

你可以像聆听朋友讲话一样以平静、开放的心态倾听满屋子的听众。我们常对演讲抱有错误的认知，认为演讲就像播放广播一样不停地说话。其实不然，自信的演讲者总是在与人交谈，即便是站在聚光灯下面对5000名观众。你可以和思想、身体对话，就像和另一个声音对话一样。对一名自信的演讲者来说，通过解读现场氛围和观众的情绪，他可以知道接下来该说些什么以及如何说。他每时每刻都可以用身体倾听，就像用耳朵倾听一样。你在用心倾听观众讲话时，不仅会注意他们说了什么，还会注意到他们的动作。观众是全神贯注吗？如果是，请继续演讲；他们心不在焉了吗？那么换下一个话题，或者抛出一个问题。倾听、倾听、再倾听，然后你的演讲就会"活"起来。

倾听的四个层次

我喜欢奥托·夏莫（C.Otto Scharmer）在他的著作《U型理论》[3]中所提出的倾听四层次模型。我们在和别人聊天时，自然而然地使用这四种倾听方式，把它们变成有意识的选择，对你的演讲来说会非常有用。

以下是关于四个层次的详细描述：

第一层:"下载"你已经知道的信息。 在这一层,你会确认你已经知道的与观众有关的信息,无论这些信息是在活动之前还是在现场获得的。如果观众是金融行业从业者,我的预期可能是:他们习惯正式的风格;如果观众是一群从事创意行业的人士,我的预期可能会是:他们是一个更放松的群体,我的演讲风格可以更具对话性。我会通过倾听证实自己的预测。

第二层:留意那些让你感到意外的事情。 观众身上有哪些是你没有预料到的?他们或许不会像你所预期的那样行事。你可能会从观众那里收到意料之外的提问或回应,如果这对你的世界观形成了挑战,没关系,敞开心扉迎接这些挑战(做好回归平静之源的准备会对接受挑战有所帮助)。接受提问,享受惊喜,解决问题——这会提高你的临场应变能力。

第三层:同理心。 设身处地为观众着想,了解他们的需求。你越接近自己的平静之源,就越能够将关注放在观众身上,并时刻通过细微的调整来满足他们的需求。就像日常交谈,你先说点什么,然后观察对方对你所说内容的反应。当然,演讲和平时的交谈并不完全一样,不同之处在于当你作为一名演讲者站在观众面前时,他们可能不会大声地回应你,但是你可以观察整个观众群体的反应。在说话的过程中注意现场的气氛。观众们看起来在沉思吗?他们是否表现出好奇、疲惫、紧张?他们受到启发了吗?他们需要休息吗?他们是否需要活动一下身体重新获得能量?问问你自己,如果你是观众的话会有什么样的感受。对观众而言,自身需求能够得到演讲者的及时回应，这一点非常有吸引力——它表示演讲者正专注当下。关注观众的感受可以让你融入现场的整体氛围之中，并做出回应。这要求你必须保持冷静，能够真正注意到观众的肢体语言。

第四层：创造性倾听。在这一层，你要读懂演讲现场的氛围并进行回应，夏莫称之为"创造性倾听"。它会让你真正变成有趣而有用的演讲者。创造性倾听是一种能力，让你能够融入现场氛围，在向观众传递事先准备好的演讲内容的同时，对他们的需求做出有效回应。你的演讲因此会变得鲜活生动起来，因为你在回应实际上正在发生的事情，而不是简单地说出那些事先排练好的台词。创造性倾听为演讲创造了非常丰富的空间。创造力往往来自不同观点的碰撞，意识到这一点，你就可以理解为什么与观众即兴交流具有如此强大的力量。

平静之源和核心自信是让你在这四个层次之间自由游走的必要基础。当我们感到紧张时，可能会被困在倾听的第一层或第二层。如果我发现自己很难与他人共鸣，我就知道自己被困住了，这时我会打断甚至结束别人的发言。当这样的情况发生时，我会让自己慢下来，深呼吸，然后等待。这样做通常会让我产生同理心（倾听的第三层），借助同理心，对现场进行更加深入的回应，我也会变得更有创造力（倾听的第四层）。这些时刻仿佛是一场大型的一对一交谈，演讲者和观众彼此倾听、交流。当你准备好需要传递的信息，而你的平静之源使传递得以实现，这时自豪感会油然而生，你会变得轻松自在并且善谈。你可以读懂现场的氛围，你对它的反应就像你对朋友一样，能够轻松自如地交谈。我坚信，如果你可以和朋友轻松畅谈，那么你也可以和成百上千的观众交谈。这种会话式的演讲风格让你可以用一种完全自然的方式讲话，由此而来的从容和自信会让你脱颖而出。

不要在说话时"编辑"要讲的内容

作为演讲者，我们常把用于写作的规则用在演讲上，这是妨碍我们找到交谈轻松感受的问题之一。写作和演讲是完全不同的两件事，想要信心满满地讲话，你必须明白其中的差异。讲话是一种能量的流动，它是流动、变化、生机勃勃并且不完美的。而写作是固定在纸面上的，它是完美并且具有确定性的。关于后者，我们在学校学习了很多知识。我们知道成功的写作离不开完美的措辞，还有正确回答出考卷上的问题。我们把这种成功策略直接照搬到了演讲中：做得好，做得对，做得完美，但事实上它并不起作用。

我曾和一些想要转行电视新闻记者的纸媒记者一起工作，这一经历让我注意到了写作和演讲之间的区别。我注意到，纸媒记者在讲话时总是试图在脑海里把要说的内容一字一句写下来。这解释了我的疑问——为什么他们总觉得自己很难在镜头面前讲话。因为他们需要精确地控制头脑中的每一个单词，所有能量都被带到头部，这使他们的声音变得乏味，让他们看起来像个机器人。他们越是感到焦虑就越想控制说话，声音也就变得越平淡。我还注意到，即使话已出口，他们仍在试图"编辑"自己所说的内容。

追求完美令这些纸媒记者无法自信地讲话，而出现这种情况则是因为多年来接受的训练都在要求他们写出完美的短语和标题，他们理所当然地认为这种完美也是作为演讲者的必备条件。但是写作和讲话根本不一样。我们在写作时可以编辑、删除，还可以剪切、复制，直到写出心中满意的内容；但当我们演讲时，我们不能这样做。我很同情这些记者，因为作为一名演员我也曾努力思考过改变的方法，但是我的身体一直在原地踏步。通往自信的道路是放手，但面对压力我总是忍不住想要控制脑海中的一切。我想这对所有人来说都是一种真实存在的情况。我们可以通过剪切、复制以及调整前后语句来不断打磨自己写下的内容。电子邮件被整理得干干净净，通过小小的电脑发送出去。我们感到彼此分离并且被控制。但是这项策略对自信演讲毫无用处，它只会让你变得单调乏味。

自我编辑和追求完美会阻止你大胆发声，因为你担心自己所学不够，或者别人知道得更多。它们还会破坏你在说话时的良好状态，因为内心的"审查员"会审查你所说的一切——"你不应该这么说"，而你的精力则用在了倾听这些审查上面。这会阻止你相信自己的直觉，妨碍你做出即时的反应。

想要大胆发声，展示自我就忘掉完美吧。无论如何完美都是不可能的。我们说不出完美的句子（只要看看最有口才的演讲者的发言稿就知道了），一旦话说出去了就很难收回。讲话就像现场直播，在脑海里反复编辑要说的内容却迟迟不能将其说出口只会让你显得犹豫不决，毫无特色可言。你应该做好准备，专注当下，相信自己的直觉，然后做出选择。

))) 工作、休息和游戏："大胆发声，展示自我"的三个阶段

如何判断一名演讲者是否拥有真正的自信呢？想想那些你所欣赏的演讲者，我敢打赌他们都有一种能力，即使是在最大的舞台上演讲也能做到既言简意赅又娓娓道来。他们会和观众友好地聊天，而不会对着观众喋喋不休。他们与观众之间的交流是双向的，有来有往。他们还会和观众进行眼神交流，通过对话与观众建立联结。

这些优秀的演讲者是如何在压力之下完成这一切的？他们自有一套"流程"，分为三个阶段：工作、休息和游戏（这听起来可能有点像陈旧的广告语）。

高效的演讲者首先要创作出精彩的演讲内容。"工作"的意

思是，演讲者对演讲内容仔细推敲和打磨，对所要表达的信息了然于心。接下来，演讲者会在演讲前休息，让准备好的内容得以沉淀，这样当他们站上舞台面对观众时就可以做到放松并且享受这一时刻。他们知道所有的准备工作都已经完成，现在自己可以专注地与观众建立联结。不仅如此，因为演讲者思路清晰、表达流畅，所以演讲的过程就像他们在和观众一起做一场有趣的游戏。

这种经过仔细推敲、简练的语言和轻松的表达相结合的方式造就了我们这个时代的演讲风格。智能手机的应用促使视频和博客媒体不断发展，进而使这种演讲风格得以普及。如果你想找到自然交谈的自信，就必须知道如何在讲话的内容上下功夫，这样你才能放松，才能在观众面前轻松自如。用力过度会让你落入瞻前顾后的陷阱，而太过松弛又会让你的演讲变得散乱、毫无组织，无法为观众贡献任何有价值的东西。

交谈的自信可以平衡工作和娱乐。虽然聚光灯下的一切看起来似乎都是自然而然发生的，但实际上，演讲者能够表现出游戏般的轻松自在恰恰是因为他们提前做了计划。只有当你对自己所要做的贡献有清晰的认识，对所讲内容有明确的规划，你才能在观众面前表现得自然。所以，好好准备演讲内容吧，你可不能等到站上讲台时才发现自己不知道该说些什么，只好听天由命。

	工作	休息	游戏
时间	• 演讲活动前（如果可以，通常至少提前一周准备演讲内容）	• 活动开始的前一晚或者早上	• 演讲时
行动	• 准备 • 排练 • 努力工作	• 放松 • 让想法沉淀 • 放空半小时什么也不做 • 远离电子设备	• 活泼 • 放松 • 有表现力 • 对话式的互动 • 享受这一刻

完成"工作"

让我们来看看"工作"的内容都有哪些。无论你有5分钟还是有几个月的时间，为演讲做准备的过程都是一样的。你需要创造内容、规划结构以及排练。你可以这么做：

把演讲内容变成你自己的东西

原创性（形容词）：某物的起源或来源；事物从中产生、发展或衍生。

原创（名词）：具有突出的或独一无二特质的事物，在吸引力或有趣方面异于众人的人——具有主动性和创新力的人。

真实性是我们这个时代的重要议题之一。那种你可以向人们展示精雕细琢的面具和精心准备的演讲的时代已经一去不复返，现在人们更想看到真实的你。不过这二者之间有一个非常微妙的平衡，也可以这么说，人们需要真实性但这不是过度的真实——我们不想看到真实的你在发脾气，或者因为疲惫不堪而急需一杯咖啡或者一个假期来续命。我们想看到处于最佳状态的你，同时我们也想看到是什么促使你去做这件事。与真实性相比，我更喜欢原创性这个词，意思是，个人独有的经历只有自己才能说出来。原创性意味着你为观众提供的内容是稀缺并且有价值的，因为除了你之外，观众不可能从另外一个人那里听到同样的内容。不仅如此，原创性还意味着你有能力不断创新构想，这为你的发言提供了一个真正的理由——因为你可以做出贡献。在人人都是消费者但是很少有人能够创造属于自己的全新想法的时代，原创性使你卓然而立。作为一名演讲者，独创的思想犹如火花，不仅让你能够自信地说出自己的想法，更会让你从千篇一律的演讲中脱颖而出。

想要充满自信地讲话，这里有一条非常简单的原则：创造属于你的内容，并且这些内容能够让你在发言时为之感到自豪。自信的演讲必须发自内心，就像声音一样。

如果你曾经历过坐在那里看某人展示并非由他自己创作的内容的痛苦，你就会明白为什么原创性如此重要。一个人念着根本就不是他写的稿子，或者他因为太欣赏别人的想法而全盘照抄时，这样的演讲听起来空洞无物，因为它没有生气，没有血肉，只是鹦鹉学舌。这些语言虽由演讲者之口说出，但演讲者并不拥有它们。就像一名单口相声演员在表演别人的作品，有些梗听起来可能仍然好笑，但它们无法引起观众共鸣，因为这些笑话没有传递出关于这个世界最根本的活力与最切身的体会。人们可以翻唱一首歌，这通常会被看作是某种成功的标志，但是因为唱歌的人从未经历过创作这首歌的心路历程，所以翻唱永远只能是翻唱。只有你才能赋予你所创作的内容以生命，因为它因你而生。这也意味着，如果有人要求你展示他创作的内容，你需要有礼貌地找到一种方法对内容进行编辑和裁剪，使之成为自己的东西。

既然原创性如此重要，你该如何以一种既有控制感又富表现性的方式将头脑中杂乱无章的想法传达给这个世界呢？这对我们大多数人来说都是个问题。你那信奉完美主义的大脑需要花时间梳理思路，这样它才会获得足够的安全感，从而不再束缚你的表达，让你能够享受演讲。

构建你的想法

对于演讲内容你有很多想法要说，但是你需要考虑如何将它们表达出来。以下是一个组织思路的好方法，其灵感来源于演讲教练KC·贝克（KC Baker）。[4] 她非常擅长帮助演讲者构建自己的故事，让演讲者感觉自己可以为观众做出独一无二的贡献。

第一步:"为什么"

找到"为什么"——你所要传递的信息的核心,明确你真正想要说的是什么。找一个你感觉放松并且灵感涌现的时间,试着回答以下问题:

- 你讲话的目的是什么?
- 你如何向观众或整个会场表示敬意?
- 为什么你将要传递的信息很重要?
- 你想用这些信息帮助谁?
- 是什么促使你愿意分享自己的想法?你的想法为什么重要?
- 有哪些数据/问题/故事能够引起观众的兴趣?

第二步:我相信

纵观全局,为什么你准备讲的内容很重要?你认为对观众来说什么是重要的?把你坚信的事情写下来,它将点燃你的热情,激发新的想法。我强烈推荐这个练习作为你自信演讲的基础。

重复写 5 次(或更多):

我相信……

我相信……

我相信……

我相信……

我相信……

把这个句子补全——你对你所关注的主题有什么样的信念。当你把自己认为重要的范围缩小，从自身经历中挖掘内容，你就可以专注于一件事——为观众做出独一无二的贡献。

第三步：我能为观众做些什么？

是时候专注你所传达的信息了。作为一名演讲者，把自己看作在为观众服务可以帮你回答这个问题。你在演讲中为观众提供的帮助越多，观众就越能享受你的演讲，对你来说亦是如此。

要达到第一点，第一步是考虑作为观众可能会遇到哪些挑战。你可以思考以下问题：

观众面临的关键问题是什么？在你所掌握的知识中有哪些东西可以帮助观众解决这个问题？

如果现在要求你站起来，对面临这一问题的观众说："如果你只做一件事情，那么你要做的是……"你会如何补全这个句子呢？

第四步：讲故事

要想让你的演讲与众不同，你需要花时间打磨演讲材料，让它们从平淡无奇变得具体生动——尤其是那些精彩的故事。

想想有哪些关键的故事可以展示观众所面临的问题。这些故事可以是自己的也可以是别人的，最好是关于人们如何面对挑战并最终战胜挑战的故事，面临同样问题的观众有机会从中学到些什么。

用平时看到的研究或数据作为演讲的切入点是一个不错的开始。你还可以把它们和故事联系起来，让你要讲的事实变得栩栩如生。

在这一步收集的资料越多越好，稍后你可以对其进行加工和编辑。

第五步：真知灼见

解读材料的角度——你如何看待这些问题——将会体现出你作为演讲者的真正魅力。它们通常来自你的生活经验、你对挑战的个人见解，以及在战胜困难的过程中对问题理解和认知的改变。因为有了这些独特的个人领悟，你的演讲对观众而言是在为他们做出贡献而非与人攀比。在这里你可以大胆表达并且勇敢地展示自我，因为你说的话是有价值的。

如果你想在舞台上表现出专业的一面，这种深入环境、人和事物的洞察力会成为你的引擎。它赋予你发言的权利，让你所掌握的材料真正为你所有。

那么，那个改变你对问题看法的关键感悟是什么呢？你在何时获得这一感悟？之后又发生了什么呢？

想想生活中的那些时刻，你学会用新的方式去迎接挑战——你的演讲所关注的那些挑战。

从这些时刻中选出一个来进行深入探究，思考以什么样的方式将其生动地呈现给观众。如果像拍电影一样还原这个时刻，你会怎么做？你从中获得了什么样的感悟和改变？你对事物的理解又发生了哪些变化？

第六步：如何向观众传授迈向成功的关键步骤

现在，你已经列举出了观众所面临的关键问题，以及能够帮助他们克服挑战的独特见解。接下来你可以给观众分享一些专业知识，帮助他们真正提升生活。这会让你的演讲产生实际价值，同时也会激励观众。

- 你可以让观众看到哪些他们自己无法觉察到的东西？
- 在生活中，观众如何使用你提供的方法？
- 这会给观众带来哪些好处？
- 观众的生活、事业，还有整个世界将会有什么变化？

尽可能慷慨地分享你的秘诀，这样观众才能够真正改变他们的生活。将你的想法细化为 3 到 5 个易于完成的步骤，想象你是在教自己的朋友如何实施这些步骤，把它们总结成一句话：如果你只做一件事情，那么你要做的是……这个提纲挈领的总结能够使你所传递的信息得到真正的升华。

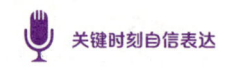

第七步：做一个有力的结尾

试试以下方法：

- 回到你刚刚所讲的关于挑战的故事，为它画上句号。
- 回到最初提及的事例或引用的数据，给出你对这些内容的全新理解或看法。
- 提醒观众注意你在演讲中所表达的洞见。
- 给出一个令人难忘的比喻或短语。
- 用一个简短的故事来对主题进行总结和升华。
- 抛出一个问题。
- 回到你之前问过的问题，然后给出答案。

第八步："路标"

现在从头到尾回顾一遍你所做的笔记，找到"路标"——组成演讲内容的根本要素。

用单个图像或词语表示这些"路标"，并把它们写在便笺上。接下来我们来看看如何利用这些便笺来创建思维导图。

规划你的思路

在做好计划与临场发挥、控制与表达之间把握平衡是自信演讲的基础。当你充满自信时你就可以即兴发挥。正如任何爵士音乐家都会告诉你的那样，只有将曲子烂熟于心才能够即兴演奏。当你准备好演讲的内容并且进行了排练，你就获得了控制权，接下来可以在演讲中加入个人风格，这会让你成为一位看起来自然利落的演讲者。

在这个阶段，大多数人要么会写演讲稿，要么会制作幻灯片。我想引导你远离这两样东西。

演讲稿的问题在于它会让你觉得自己在撰写一篇论文。虽然你勤奋用功，但是想要把书面文字生动地讲出来是很困难的。很多人会逐字逐句地把整篇文章念出来，这让观众感到非常紧张。此时你的眼睛向下看且声音平淡，那种带着歌唱语调的念稿声要么让观众昏昏欲睡，要么让观众无聊地拿出手机查看邮件。

使用幻灯片的问题在于它并不是为你准备而是为观众准备的。如果你把幻灯片作为演讲的脚本，或者在创建幻灯片时将脚本内容都写在备注栏里，那么你在讲话时就会忍不住去盯着屏幕或者照本宣科地读出来，无论是在电脑显示器、纸张还是在其他电子设备上。

所以，请不要使用以上两种方式演讲。如果你盯着稿纸或者屏幕就会失去与听众的联结。观众希望你做自己，有人情味，并且与他们交流。当一个人照着手机或是一张纸上的脚本读出来，对话就失去了趣味。凭良心讲，我希望你能远离脚本和幻灯片，转而使用思维导图，它可以将你思维流动的过程清晰地呈现在一张纸上。

什么是思维导图？它是一个非常简单的创意工具，由已故的托尼·布赞（Tony Buzan）发明。思维导图可以帮助你在一张纸上以视觉化的方式将想法直观地展示出来。这个工具之所以好用是因为它可以赋予你结构感和创造力，二者的结合让你能够在交谈时充满自信。大脑喜欢在空间中来发散和组织想法，思维导图正好符合这一点。思维导图上有个中心点，各种想法围绕这个中心点按顺时针方向依次展开。这种方式可以帮助你梳理思路，并确认每部分内容所花费的时间。大脑还喜欢颜色，所以在思维导图上我们用不同的颜色来对每部分内容进行标注，并且对于关键内容我们还可以用图示来帮助自己记忆。

有了这张思维导图，你就可以带着平静和掌控感来引导观众去了解你的原创想法。你的演讲不再是一团乱麻，一条清晰的主线从大脑连接到嘴，因为所有你想要清晰、生动、形象地表达出来的东西都呈现在这一张纸上了。你的主要观点、版块间的串联内容，还有每个版块所需的时间一一呈现在你面前。当你走上舞台时，整个演讲就在你的掌控之中，这比低头盯着颤抖的演讲稿发疯般想要找到下一句该念什么，或者因为完全想不起来下一页幻灯片要讲什么而不得不在翻页之前随意编些不相干的内容不知道要好上多少倍。一张颜色标注清晰，可视化强的思维导图会让人印象深刻。当头脑中的路标清晰时，你会发现自己可以放下思维导图专注讲话，这就是自信演讲的关键所在。

绘制思维导图

如果你确实觉得需要在演讲中使用幻灯片或演讲稿，请先画出思维导图，然后再去创建幻灯片或者写稿。思维导图能够让想法自由生长，而逐字稿只会禁锢你和你的想法。

试试这个：如何绘制思维导图

我将以做一场"如何找到你的声音"的演讲为例，来告诉你如何绘制思维导图。

1. 准备一张白纸和一些彩笔，将纸平铺。
2. 在纸的中央用3种颜色画一幅图，以此来象征你的主题（不要画太大，确保周围有足够的空间来画接下来的内容）。你可以给这幅图加一个关键词，如果你觉得这对你有帮助的话。
3. 思考一下你的演讲需要几部分（开场介绍和结尾总是要有的），从中心图像开始为每一部分画一条线，就像车轮的辐条一样。每条线应使用不同的颜色，这样就可以在脑海里清晰地划分不同的内容。始终按顺时针方向绘制。

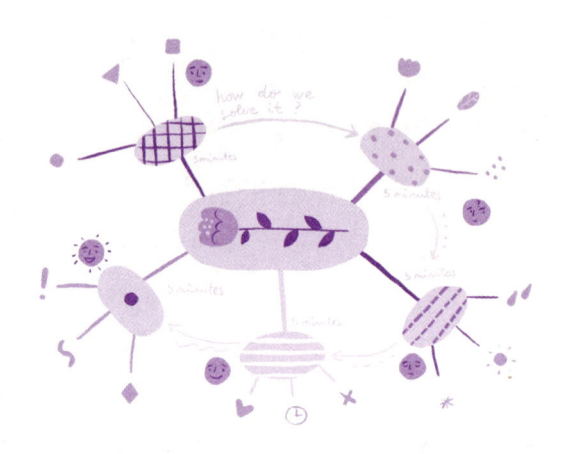

4. 在每条线的末尾画一个图形并写一个标题来表示这部分内容（标题字数要尽可能少）。这些是你演讲的"路标"。

5. 现在在主线上添加你需要的每个部分的关键点和图像。通常来说，每部分有 3 个关键点就足够了。让它们保持简洁，一个词语或一个图像足矣。你可以对关键点进行编码，如果你觉得有帮助的话。

6. 在主要部分之间建立连接——这些是从一个想法过渡到另一个想法时你要说的话，例如，"如果这就是问题所在，那我们要如何解决呢？"你可以用箭头来表示这些连接并用一个词加以概括。

7. 给每个部分添加计时也很有用。例如，如果你有 30 分钟的发言时间，需要讲 5 部分的内容，那么你就知道你需要将每个部分的演讲时间保持在 5 分钟以内，同时留出 5 分钟的时间来处理观众提问或意外状况。
8. 最后，决定你希望观众对每部分内容的感受：兴奋、好奇、担忧、受启发等。将这些写在思维导图上，或添加一张暗示情绪的图片（笑脸通常是一个简单的提示）。这提醒你作为一个演讲者要有意识地寻找这些情绪。

排练

内容准备好之后你就要开始排练了。只是想着要讲的那些字句还不够，只是在头脑中想象彩排也不够。除非你把这些话大声地反复说几次——最好是在有观众的情况下，否则一切都是纸上谈兵。演讲与身体相关。你必须让你要说的话深入肌肉。排练可以给身体留下记忆，让你在面对观众时，能够自然地讲话，而不是每句话都深思熟虑。想想你学过的任何身体动作，从开车到跳舞，你都是通过彩排、练习和不断重复才学会的。养成新的习惯，让它们成为肌肉记忆，这样在你登台时就能自然地表现。

不做任何排练的代价是，观众不得不看着你在他们面前演练。这样在观众面前热身是表演者的大忌。演讲开始的头几分钟至关重要，它将决定观众对演讲者的印象。看着一个人在5分钟内慢慢进入状态，这对观众来说是非常痛苦的。所以，一定要控制演讲的节奏。在参加会议或开始演讲之前，给自己留出一些不受打扰的时间用于思考、准备和排练。如果你在面对观众演讲之前曾大声地将准备的内容说出来，那么你会感到更平静、更有准备，你的身体系统也会更有安全感，因为此时你的大脑中已经有了一个"备用驱动器"。彩排可能比你想象的更容易，你只需要把要说的话在讲给观众听之前大声地说几遍。你可以坐在沙发上或是在花园里完成最初的几次演练，然后，如果你在摄像机或者你信任的人面前进行一两次的排练，你会受益良多。

不断练习，直到你对演讲的开头、路标性的知识点和结尾了然于胸，这样你就可以在演讲过程中对各种关键信息信手拈来。无论何时有需要，你都可以用这些信息来为自己定位，因为有了这些信息你就知道该如何从一部分内容过渡到下一部分内容。这会让你对自己所讲的内容有一种掌控感，并赋予你轻松交谈的自信。你不需要死记硬背演讲内容，做好充足的准备，你自然知道该怎么讲。对所要讲的内容有清晰的思路让你能够轻松地畅所欲言，并且有足够的自信去掌控全场，由此，你便可以真正地展现自我。

休息：让工作沉淀下来

找到你自己的声音，学会自信讲话，这本质上是一个创造性的过程。为了拥有创造力，你必须休息。在创建完你的思维导图并且排练过几次之后，空出一段时间来"什么也不做"尤为重要。你需要让头脑里的那个"编辑"下班，花点时间休息。你清楚自己的时间安排，了解演讲的价值，现在你需要让所有信息沉淀下来。让自己放松下来，做点有趣的事情，清理你的意识，找到内心的平静。让你的无意识自动在"后台运行"，找到真正激发你创意的梦想时间。

试试这个：对你内心的"编辑"说谢谢

无论出于何种原因导致你的大脑无法安静下来，那就对它说声"谢谢"。你会发现，通常只需要一点小小的感激就能让你的大脑恢复平静。根据我们在第二章所讨论的那些原因，你的身体系统正试图帮你寻找出路，它认为你需要战斗、逃跑或是躲藏起来，于是勤奋地向你发出鼓舞的信号，以便助你脱离险境。通过说"谢谢"，你可以帮助自己头脑里的那个"编辑"意识到，它的工作已经完成，它可以暂时离开，这样当你面对观众时才能够保持轻松并富于表现力，同时享受与观众交流的乐趣。

在重要时刻来临的前一晚早点睡，让你的身体和头脑都得到充分休息。你可以做一些让人放松的事情来让自己睡得更好。

前文的呼吸练习可以为你提供帮助。我个人特别喜欢"在横膈膜的位置施加重量"这个练习。

花时间了解有哪些方式可以让你身体的"引擎"运转起来：瑜伽、跑步、静坐或者听音乐……对每个人来说方式都是不同的，但是你绝对不能查看电子邮件和短信，或者去关注其他人的日程安排。把时间留给自己，这样你才能专心工作并做好准备。

游戏：找到乐趣

在你完成准备工作，充分休息之后，就可以开始"游戏"了。找到好玩的方式，给你的声音带来趣味、能量和活力是很重要的，因为它将赋予你说话的自信和展示自我的自由。

自信地讲话有点像在城市里开车，你必须大胆一些，否则寸步难行。不过问题是，生活已经挫去了我们的勇气。我们经历过挫折、责备和评判，因此告诉自己最好不要发表个人意见。保持低调、明哲保身，并且获得他人的认可，这样风险会更小。这种方式在以前或许管用，但当今社会可不吃这一套，现在人们更看重勇气、趣味、自信和真实。当你需要掌控全场时，我希望你能够拥有这些品质。

乐趣可以让你沉浸当下，增强你的表现力，让你引人注目。你的创造力将得到释放，这是体现你的能量、魅力和存在的根源所在。你可以放松，与观众产生联结并且敞开心扉。如果你面对的是一群非常严肃的人,你会找到严肃的乐趣,你的眼睛闪烁着光芒,声音也充满力量。尽情享受和一群心情放松的人在一起的时刻吧,祝你玩得开心!

))) 分享你的声音

当你有值得分享的东西时,你希望它们被别人听到,此时你需要知道如何分享自己的声音。当你有一些很棒的事情要讲时,你可不想把声音卡在喉咙里,喃喃自语。你想把声音释放出来,为观众贡献能量和想法,这才是我们在这里需要考虑的问题。

当然,想要大胆发声需要你冒一点险,但这是值得的。能量具有感染力,当你给听众合适的能量时,这些能量会像回旋镖一样返回到你这里,然后你会感到轻松自在。但一开始你就必须大胆尝试,相信自己已经做好准备,放手一搏吧。

春日清晨,让我带你走进伦敦市中心的一个图书馆。15位才华横溢的女性电影人齐聚在这里,寻找能让她们在其专业领域引起共鸣的声音。她们正在做一个叫"演讲者"的练习。她们开始以不同的方向在房间里走动,同时对他人的行为保持高度敏感。每个人会在她觉得合适的时候停下来,其余的人随之停止移动,并且等待。最先停下的人准备好后就可以开始发言,她要说出自己的名字（面对一群人从容不迫地说出自己的名字通常是一件艰难的事情）。她会说："我是（名字），我在这里。"这是一个高度引起他人关注的时刻，她们每个人的境遇都不一样。

她们以完全"正常"的方式保持自己的声音——这是在应对焦虑和处于新环境时的正常反应。有些人很安静，她们的声音在房间里不会传很远，或者她们缺乏引起他人注意的特质；有些人语速飞快，说话匆匆忙忙；还有些人用上扬的语调说话，听起来好像有点为她们的表现而感到抱歉。

我所知道的是，通过一些简单的调整，我们可以对这 15 位女性的声音进行设计，让她们发出充满活力与能量的声音，吸引观众的注意。

下面是一些帮助你分享自己的声音的简单方法，其实这些方法你从小就知道，它们绝对是你要在自己的隐私空间里做的事情，而不是在观众面前！

张开嘴巴

你得先把嘴巴张开才能把声音放出来。记住，共鸣是声音的振动通过体内空间得以放大。喉咙上方的空间是产生共鸣的主要空间，这个空间越大，共鸣的效果就越好。

1. 舒展面颊：眼睛睁大，嘴巴张大，做一个大大的、扩张的伸展动作。打个大哈欠可以帮你找到感觉。
2. 然后利用你口腔里的全部空间说话。注意声音是如何从你的身体里流出的。

帮你打开口腔

一些声音教练会用一种被称为"骨道具（bone prop）"的小工具来帮助你张开嘴巴——你将它咬在齿间，这样你就可以在保持口腔空间的同时练习说话。你可以在网上买到这个小玩意儿。还有一些人建议在牙齿之间放置一个酒瓶软木塞，无论使用哪种工具，只要你在说话时能找到牙齿间的空隙就行。

唤醒你的音域

有些声音在自然的范围内上下滑动、跳跃，让人听起来很舒服。我们的声音也像音乐一样起伏富有韵律。想象你给某人打了几分钟电话：你先是兴奋，然后感到困惑，接下来又有些愤怒，最后还很担心。每次叫对方的名字时，你的音调都会有变化，不同的音调表达的意思也不相同。然而问题是，当我们进入"战斗—逃跑"状态或者迷走神经张力较低时，就会把声音锁死。所以，在面对观众讲话之前先把你的自然音域打开，将韵律融入你的声音中是非常有帮助的。这就像音乐家在演奏前热身一样。如果你可以通过某些方式，比如说，跟着音乐唱歌来让自己的声音获得更丰富的变化，那么在演讲时你的声音就会自然地上下滑动，你甚至不用去想它。

打开你的音域实际上就是唤醒声带，让它得到伸展，在开始演讲之前使用这种方法还可以让你的心情变好。你可以在家里唱歌，或者在车里，关键是要唤醒你的声音和身体。当你找到声音更自然、更轻松的状态时，它也会让观众保持清醒并且兴趣盎然。

- 跟唱自己喜欢的音乐是一个让声音打开、能量流动起来的好方法。
- 这里有一个找到音域的简单方法：双臂伸直上举，用一个高音说"呣（mmm）"或"嗯（nnnggg）"，然后慢慢把手放下，同时降低发声的音调。让你的音调跟随手臂的上下移动来回调整几次。
- 在演讲前做一些可以让你的身体放松下来的事情。第三章中提出了很多建议，你可以选择适合自己的练习，早上在家做。

🔊 内在的声音，外在的声音：
如何让轻松感充满整个房间

为什么不使用你的外在声音？你知道，我有时认为世界上最成功的人是内向的人，他们教自己成为外向的人。

——梅格·沃利特泽尔（Meg Wolitzer），
《女性念力》（*The Female Persuasion*）（2018）

自信、富有表现力的声音得益于一些大胆的表达，这可以在很大程度上帮助你理解如何放开声音，由此你便可以轻松地说你想说的话了。你需要了解你的内在声音和外在声音之间的区别。内在声音是安静、亲密、一对一的，而外在声音则具有一种轻松、开放的共鸣，很容易充满整个房间。那个让你能够被别人听到的声音就是你的外在声音，它有一种简单、集中的力量，是那种你高兴地穿过花园，向老朋友打招呼说"嗨！"时的声音。这个声音可以轻而易举地填满整个房间，向前来参加活动的人表示欢迎，它会让人感觉自己好像被能量包围。有些人站在聚光灯下时不会使用他们的外在声音，因为他们不想被视为自大、咄咄逼人的人。

我知道这很困难，即便你知道自己确实有些"干货"值得和别人说道,但是闯入一个充斥着喧哗声的房间并试图讲话无疑会令人生畏。你根本插不上嘴,人们说话的声音太大了。或者你试图加入别人的谈话,但是从你嘴里发出的是像老鼠一样微弱的声音。于是人们忽略你,或者拿走你的想法,然后聊得不亦乐乎,而你一句话也插不上。这种情况让人感到泄气,你坐下来暗暗发誓要保持沉默。但是置身谈话之外同样令人沮丧,尤其是轮到你讲话时,你表现得不情愿。

如果我们生活在广阔、开放的空间里,那么大概率我们也会拥有发出宽广、开放的声音的能力。我们的身体和声音遗传了一种肌肉记忆,它让我们在相隔遥远的距离能够彼此呼应。办公室、汽车和电梯没有让我们进化出这种能力。想象自己身处辽阔开放的空间里,眺望广阔的地平线,脚下是柔软的草地,仅仅是这样一个行为就会对你的声音和肢体语言产生巨大的影响:你的声音会变得开阔、放松,而且具有穿透力。在狭小的会议室或安静的开放式办公空间里待一天,之后你会发现一种截然相反的情况:一个小声音在努力填满空间。重要的是要明白这些都是习惯,当你需要为自己关心的事情说上两句,或者需要与一大群人交流时,你可以改变只用内在声音说话的习惯,学会找到自己的外在声音。

想要让自己的声音被听到,你必须全情投入。想想开车上路的情况,如果你太过犹豫不决,没有人会给你让路;而如果你自信而恭敬地融入车流中,其他车辆自然会为你让道。当你表现得勇敢而坚定时,人们会为你的发言留出空间,因为你已经为自己创造了空间。

> ### 试试这个：找到你内在的音量控制器
>
> 如果你想充分地与观众分享你的声音，你需要找到你的支撑肌肉，它们可以让你从中学会控制声音音量。有了这些肌肉的支撑，气体得以排出体外，从而发出声响。这里说的支撑肌肉就是我们在第 129~131 页曾讲到的核心肌肉。下面这些练习将教你如何有效地使用支撑肌肉。
>
> 有一个非常简单的方法可以帮你找到核心肌群：把双手放在横膈膜的位置，然后向中间挤压手掌，或者你可以做一个瑜伽体式中的祈祷式[1]，再或者将双手叠加，以这样的方式在横膈膜位置施加压力。挤压时，你能感觉到躯干深处的肌肉吗？如果你现在说话，你会感觉到体内这些支撑声音的肌肉，它们就是你的深层支撑肌肉，让你的声音充满力量。
>
> - 想要与这些为你的音量调节提供支撑的肌肉重新建立连接，有一个简单的方法，就是有控制地发"嘶（SSS）"音。把声音从你的身体里挤出来，就像挤牙膏一样，先从下腹部开始，然后是核心区域和腹部，接着是肋骨。
> - 如果你愿意，也可以用一根吸管和一杯水来进行练习。通过

---

[1] 双手合十置于胸前。

吸管将空气吹入水中，使其产生气泡并发出咕噜声。你能感觉到腹部和肋骨周围的肌肉，还有支撑肺部排出气体的膈肌吗？这些肌肉将为你的发声提供动力。留意一下，如果你更用力地挤压腹部的支撑肌肉你就会得到更多的气泡（就像吹气球一样）。这就是音量——空气压力决定音量大小。

- 现在启动这些肌肉，这样你就可以毫不费力地发出声音。舒展双臂，喉咙处保持一种可爱的、开放的打哈欠的感觉，然后发出一声大大的"嘿（heyyyyyy）"，就像你在家里朝着另一个房间里的朋友打招呼一样，或者是跨越空旷的田野向着远处的朋友打招呼。张开你的嘴，面带微笑，注意你是如何把声音轻松地拉长的。这样做的目的是让你的喉咙保持开放状态，此时的你身体放松、面带微笑，体内的控制肌肉开始工作。

- 你可以通过挤压和放松肌肉来轻松地控制音量。试试发"VVvvVVVvvVVV[1]"或者"师（shSHshSHshSH）"音，就像一辆正在加速的摩托车发出的声音，感受支撑肌肉收紧、放松。记住，音量与气压息息相关。从身体里排出的空气越多，你发出的声音就越大。想要提高音量，你只需用支撑肌肉挤压出更多的空气，提高空气压力就可以了。一般来说，你会想与这些支撑肌肉保持持续连接，以便它们可以随时随地为你提供支持。

---

1 门牙轻触下唇发音。

轻松发声

让声音具有空间感比你想象的更容易。一旦你的身体学会控制音量，发声就是一件再简单不过的事情。

想一想"抛"这个动作。当你抛球时，你整个身体都参与其中。你有明确的方向感，能够确定要将球抛向哪里，并且会和接球人有目光接触。你连接到自己的身体核心，呼吸，然后在呼气的时候将球抛出去。发声也是以同样的方式运作——你把声音"抛"或者"发射"出去。这是一个由身体驱动将思想传递出去的过程，声音就是你的发射物。

轻松发声的秘密在于，你要有一种身体感觉，知道你的声音需要传播到哪里。对一场演讲来说，你的声音需要传播到最后一排听众背后的墙。演讲开始时关注一下后排听众的反应，这将提醒你注意音量。把你的声音一直传送到房间后面，即使你在和房间其他位置的听众进行眼神交流，也要保证坐在最后一排的听众能够听到你的讲话。如果你能保持一种总是对着最远处的墙说话的感觉，把你的声音送到那里，那么你的声音听起来就会非常有力量。

关键时刻自信表达

> **试试这个：把声音往回收**
>
> 　　想要找到那种对着最远处的墙说话的感觉，这里有一个经典的练习，这个练习要求你把声音收回体内。这个方法之所以奏效，是因为你会感觉到把声音往回收比把它推出去更省劲，它给了你坚实的力量。在反复练习几次之后，你就可以记住那种感觉——当你说话的时候把声音收回体内的感觉。
>
> 1. 找一个安静的地方。第一次做这个练习时你需要保持站立，之后就可以坐着练习了。
> 2. 想象你手里有一根细绳，把它系在最远处的墙上，或者系在窗户外面的某个点上，然后一边说"星期一"一边用左手把"细绳"往回拉，把它收进你的身体里。然后在说话的时候牵着这根"细绳"让它到达腹部。
> 3. 然后换右手牵着这根"细绳"，同时说"星期二"。
> 4. 从星期一数到星期天，每说一天就换一只手臂，注意这些动作是如何提升你的能量的。要想获得更大的音量，你需要让声音传播得更远，同时牵紧那根"细绳"。

))) 你说话的方式

把陈述变成问题总是要容易得多,因为最终你可以退一步说明自己只是提出疑问,这样你就不必忍受错误带来的羞耻。

——梅格·沃利特泽尔(Meg Wolitzer),
《女性念力》(*The Female Persuasion*)(2018)

你可以贡献给观众非常棒的内容。你知道这样做的理由是什么,你对自己有清晰的认识,并且你也梳理好了要讲的东西,那么,为什么有时候你还会觉得难以自信满满地开口呢?因为我们的说话方式削弱了讲话内容的重要性以及我们自身的分量。在本章中,我们将一起了解这些常见的语音特征,这些特征会削弱你的语感,让你说话时的声音听起来不那么自信。

避免用上扬语调说话

用上扬的语调说话是指在句末提高声调,听起来像在问问题,用这种方式说话会削弱你的声音力量。这样的说话方式传递出一种缺乏确定性的信息,因此其他发言人或者你的同事会为你感到担心,他们会插话或者打断你。那么,为什么我们会用上扬的语调讲话呢？这种语调其实有着积极的意义——反映他人传递的信息、寻求认可和一致的意见。当你处于探索中，和那些志同道合的人在一起，并且他们并不介意不确定性，这时候采用上扬语调的说话方式是没问题的。另外，在联结感比权威感更重要的情形下，这种说话方式也较好。但是，在观众需要你的发言听起来更有把握的情况下，这种上扬的语调模式就有问题了。在这样的时刻，用上扬的语调讲话无疑是一种邀请，让别人来打断你，抢过你的话头。

有一个简单的心理方法可以让你摆脱说话时语调上扬的习惯：记住，有时候是否得到他人喜欢其实并不重要。用上扬的语调说话通常与寻求认可和被喜爱有关，但你可能并不需要它们，如果你把注意力从寻求认可与被喜爱转移到受人尊重上，又会发生什么呢？当你带着明确的共同目标走进房间时，你会发现，如果你牢记目标，你就不需要感到愧疚或向他人请求发言的许可。你可以掌控发言，因为你是为信仰和使命而发声。（请参阅第207~208页的"试试这个：墙上的砖块"，这个练习可以帮你改善说话时语调上扬的问题。）

避免说话声音越来越小

你有时会在一句话说到结尾时声音变得越来越小吗？发生这种情况有几种原因：你正在考虑接下来该说什么；你想从别人那里获得肯定，确认你的想法是正确的；你没有在每个想法之间给自己留出足够的呼吸空间。讲话的方式会让你的"小心思"暴露无遗，不是吗？呼吸通常与我们的思考息息相关，当你不确定自己的想法时，这会通过你的呼吸和声音反映出来。如果你让能量在句子的结尾消散，观众的热情几分钟后也会随之消散。针对这个问题，解决方法是在开始思考下一个问题之前，先坚定地结束上一个想法。下面的练习将会帮你改善说话声音越来越小的问题（以及用上扬的语调讲话）。你在句子的结尾越有力，你越是感到坚定，越会减轻语调上扬或者能量随声音消散的情况。专注地说出每一句话，你的自信也会随之而来。

试试这个：墙上的砖块

这是一个非常有用的练习，它能帮助你把能量保持到话语的末尾，并在句子结束时再增加一点力度。这个练习的诀窍是着重强调某些词，尤其是那些在句子中的意义词以及最后一个词。这样做可以防止你在思维跳到下一个想法上，从而导致声音变得越来越小——这种说话方式会让你的声音听起来很不确定。想想新闻播音员是怎么说话的，他们在话语的结尾处会稍微降低语调，并加重句子的最后一个词——"这里有一条新闻"。模仿新闻播音员的说话方式可以帮助你减少由音调上升带来的不确定感或者在讲话过程中能量的消耗。

1. 从地板上拿起一块假想的砖块。接下来你要从星期一数到星期天,我要你在说"星期一"的时候把砖块扔掉。注意你的声音是如何变弱的。
2. 再次从星期一数到星期天,但是这次在说"星期一"时把"砖块"抛向空中,感觉语调的上扬。
3. 现在拿着砖块,想象你面前有一堵墙,墙上有一个砖形的洞。把星期一到星期天再数一遍,当你说到"星期天"时,小心地把砖块放进洞里。注意这个动作是如何使你专注于自己的声音的。此时你会变得更大胆、更自信,也更有影响力。
4. 当你说话时在头脑里想想这个练习——把"砖块"放进墙里,让能量保持到每句话的结尾。注意,当你使用这种方式为话语留出空间时,人们的倾听方式也会随之改变。所以,赋予每个词语它所需的连接和空间。

关于脚本的说明

在之前的章节中,我建议大家在演讲时最好不要使用文字稿,但是如果你不得不使用的话,一定要遵循"在话语的末尾眼睛向上看"的原则。一旦你的眼睛往下看稿子,你的声调还有说话的能量就会降低。

摆脱修饰语和口头禅

修饰语在我们的语言中随处可见,正如这个词所暗示的那样,它们对话语的意思进行修饰,从而削弱了我们要传递的信息。所以我们不需要"试一试""我只是……对不起……不",或者"或许"这样的修饰语,它们必须被禁止。把修饰语从你的语言里踢出去,同样该被踢出去的还有"嗯""啊"这样的口头禅。

如果意识到自己喜欢使用修饰语,并且说话时总是出现"嗯",下次开会时你可以请同事帮你数一数。当你意识到"口头禅"的存在,你就能迅速改掉它。在每句话的结尾放一块"砖头"到墙上,然后闭上嘴巴以防止多余的修饰语或者口头禅又冒出来。总的来说,停顿是一个非常管用的法子。

不要着急

当你讲话时,你要对听众的情绪和精力负责。说得太快会让观众感到压力,最好是一次只讲一个想法,让观众有机会充分思考,而不是走马观花似的听你把要讲的内容说一遍。

遏制急促说话的冲动,不要被大脑的节奏带跑,要跟着观众的节奏走。和观众一起思考每个想法,就好像你以前从没有想过一样。确保你要讲的内容对观众而言是值得一听的,然后充满活力地把它们说出来。享受清晰、有力的语言表达是实现这一目标的最佳方式。如果你充分使用你的发音器官（见第56页），说话时调动相应的肌肉，你很难说得太快。你让每一个字都清晰而有价值，这会吸引观众的注意力。现如今你可能需要进行跨国电话沟通或是在大型团体内与不同国籍的人交谈，在这种情况下，说话清晰有力变得尤为重要。

当你说话时，你需要可控而有力的能量。人们经常犯一个错误，就是把速度和能量混为一谈。演讲时说话速度太快就像自行车的轮子在空转，虽然转得快但你哪儿也去不了。任何会骑自行车的人都会告诉你，想要骑得远，你必须有力量，当你放慢节奏的时候，力量就来了，因为你可以赋予每个词更多的节奏感和能量。

试试这个：清晰、有力的发言

声音教练西塞莉·贝里发明的练习非常棒，她对语言的热爱都体现在这些练习中。[5] 以下是她的一些练习。你可以在发言之前做这些练习，给你的口腔提前"热身"。

1. 从你要讲的内容里挑几个词，低声念出来，感受在念这些词时你的口型是什么样的。你也可以稍微夸张一点。

2. 用辅音念出这些单词，去掉所有元音。动作做得夸张一些，让你的嘴真正塑造这些词的发音。
3. 然后只念元音，随心所欲地念。
4. 将单词重新组合在一起，感受你是如何塑造这些声音的，感受发音的力量。

说话有口音怎么办？

无论观众是谁，如果你在说话时，发音清晰有力，有节奏感，并且说话的方式也很适当，那么你讲的话就很容易听懂。最好把方言中的土语或行话去掉，然后你会发现，在大多数场合，你说话的口音是无关紧要的。

大胆发声，展示自我也可以很有趣

我认为"公众演讲"是一个已经过时并且应该被摒弃的说法。我讨厌这个说法，它使演讲这件事听起来索然无味，还让人联想到演讲台和刺耳无聊的广播宣传。忘掉它吧。从现在起让我们称之为"演讲"——有计划，头脑冷静，声音充满自信，还有自然的能量和激情。按照书中的建议练习，你会发现，你可以在说话的同时做自己，充满魅力和力量。这非常有趣。当你享受演讲的过程时，观众也会喜欢上它，当演讲结束后观众会感觉备受启发，并且准备行动。

能够告诉大家这些，是因为我知道为公众演讲担心焦虑是什么感觉，这会把演讲变成一件严肃和令人畏惧的事情。你看，我是个内向的人，或者说可能是一个既大胆又内向的人，但是对我来说，真的没有比静静坐在那里读一本好书或欣赏海景更快乐的事情了。因此从理论上来讲，大胆发声，展示自我这样的事情在我看来无异于地狱。以前确实是，但现在不是了。我可以摸着良心对你说，作为一名演讲者，我已经学会了从演讲中找到乐趣。我努力准备演讲内容，关注自己的声音，使自己保持冷静和精力充沛，然后我便投入演讲中，专注于让听众的现场体验变得更有趣也更有用。我现在明白了，演讲可以很有趣。

声音是你活力的表现，你的声音就是你自己。你很可能发现，随着这些新技能变成新习惯，它们会让你变得越来越自信，不仅仅是说话变得自信。我也是最近才意识到这一点。20年前，我曾做过一个经典的戏剧学校的信任练习：你站在一堵墙上仰面向后倒下，下面的同学会伸手接住你。我真的很讨厌这个练习。我紧张得不得了，连呼吸也屏住了，生怕下面的同学接不住我。

20年后，在伦敦的一场沉浸式戏剧演出中，我发现自己又一次地站在墙上,在没有任何预警的情况下被要求从舞台上倒向台下的人群。这次我获得了非常不同的体验,并且享受其中。是的,我感觉到自己的"敌人系统"急速启动以处理潜在的威胁,但是我试着放松呼吸,增强核心力量,在肾上腺素激增中找到乐趣和兴奋感,将信任交予台下的观众并向后倒下,20只伸开的手臂将我稳稳接住并把我带过人群。这种感觉如此奇妙,至今回忆起来还让我感到振奋。我希望作为一名演讲者你也能够拥有这种感受,这种沉浸其中的能力。当你准备充分,精神专注,沉浸其中时,观众会将你稳稳地"接住"。

))) 常见问题

Q: 说话时如何调动能量?

A: 如果你想在大型会议、活动、演出或者派对上发言,展示自己,不妨在开始之前放一些动听的音乐,并跟着一起唱。

微笑,在脑海中回想一个开心的秘密或是一段愉快的经历,仿佛它就在你眼前,注意此时你喉咙后部的感觉。虽然人们看不到你的行动,但它确实会调动起你体内的能量。积极的想象可以点亮你的声音和表情,同时吸引观众的注意。

记住你大脚趾的力量(见第130~131页"来自前脚掌的能量")。

关键时刻自信表达

Q：参加会议时如何做到大胆发言？

A：首先，你得明确你能为观众贡献什么。如果你对自己的专业领域充满自信，那么你更容易知道应该在什么时候发言。清楚你说话的对象或者在心中划定一个主题领域或许会对你的发言有帮助。

确定你为什么发言。检查一下自己是否冷静——当头脑处于"敌人"区域时，你会想要炫耀或者打断别人说话。请确保你的发言目的是为了推动事情向前进展。

等待时机成熟，你就可以投入其中，并将你的声音大胆地释放出来。言简意赅，仔细斟酌你要讲的话，然后你便可以脱颖而出，因为你的出色表现而被人们记住。

如果有人打断你或者表达不同的意见，使用"是的，并且"技巧：你可以说"谢谢（对方的名字），是的，（然后从积极的方面引用对方的话）并且……（继续你的发言）"。

Q：我如何与广大观众进行眼神交流？

A：我喜欢使用"大黄蜂技巧"。把观众区想象成一个花园，观众是花园里的花朵。然后把"花园"分成四个区域。此时，你与观众的目光接触就像蜜蜂落在花朵上，以随机选择的方式为每一个区域分配同等的注意力。每次选择一朵"花"进行眼神交流。

Q：我不喜欢电话会议，却不得不参加，有什么建议吗？

A：很多人都讨厌在电话中交谈。这是一种奇怪的、脱离现实的体验，你得不到足够的反馈来了解自己的表现。关于这个问题，一种解决办法是在脑海中想象电话另一端的情形——想象讲话人的脸，他们可能坐在哪里，看到他们脸上的微笑，同时报以微笑，这会让你的声音听起来更温暖。让说话停顿的时间更长一些，这可以减少时间或信号延迟带来的影响——你不用来回重复自己所说的话。清晰而有力地讲话，站姿可以提升你的自信，适当的手势也可以为你的声音赋予能量，最重要的是，关注电话的另一端而不是你自己——倾听、倾听，还是倾听。

Q：如何结束发言？

A：你演讲的最后几句话必须充满力量。当演讲完全结束后，稍作停顿，与观众互动，再稍稍停顿一下并且说"谢谢"。当观众鼓掌时，你可以保持不动同时报以微笑。

小结：声音小贴士

- 当你明白自己为什么而说，"大胆发声，展示自我"就会变得更加容易。明确如何为观众做贡献，当你知道你可以做到，请允许自己自信地将心中所想讲出来。
- 最棒的演讲者都拥有一种自然交谈的自信，能够以轻松、随机应变的方式向观众传递事先准备好的、精练的信息。而促成这一切的首要条件是倾听。你可以使用倾听的四个层次来帮助自己更好地与观众交流。

- 工作、休息和游戏。好好准备演讲内容,多加排练直到你应付自如,然后休息一下,让思绪沉淀。知道自己已经做好了充分的准备,坚定信心,接下来就是投入其中,像享受游戏一样享受整个演讲过程。
- 思维导图是一个非常有用的工具,使用它做规划能够帮助你实现控制与表达。我建议你尽可能多地使用它。
- 勇敢一点,使用你的外在声音。
- 学习如何将说话习惯对内容的影响降到最低,时刻注意这些问题:说话声越来越小、用上扬的语调说话、过多的口头禅,还有语速过快。
- 演讲可以很有趣!

第五章

脊背有力,内心柔软

什么样的头脑和心灵能在这混乱中保持强大与开放?

——琼·哈利法克斯(Joan Halifax),
《与死亡共处》(*Being With Dying*)(1997)

让我们回顾一下刚刚结束的"旅程",我们利用马斯洛的需求层次理论帮助你找到自己的声音并能够充满自信地讲话。在这个瞬息万变,令人感到心烦意乱的世界里,没有什么比学会信任并且接纳自己的声音更重要了。声音之树深深扎根在你的身体里,由此,你的声音和自信心得以茁壮成长。

以下是我们在前几章中探讨的主要内容,以便你随时回顾并不断将这些步骤整合到你的"心—身—声"中。

第一章: 我们从"生理需求"的层次开始,带你认识了你身体里那个不可思议的"乐器"。我们探讨了声音是如何工作的,同时也激起你的好奇心并唤醒你的意识,让你知道如何照顾好自己的声音,并通过调整身体姿势和放松呼吸来滋养声音。当你以放松的心态关注自己的声音,它就会成为你的可靠朋友,而不是难以预测的陌生人。记住,声音是一种乐器,你在吸气时获取灵感专注思考,然后随着呼气开始讲话。要知道，声音是控制你神经系统最好的方式，它可以让你的意识平静下来。

第二章： 我们向上来到马斯洛需求层次理论的第二层——安全需求，在这里你将找到你的平静之源。在这一章我们了解到，当众讲话并非必然是一段让人感到"压力山大"的经历，当你说话时，你可以通过深呼吸让身体平静下来。你还可以借助良好的迷走神经张力和"放空半小时"这些技巧，从内心深处找到"爱与归属"的感觉，这也是马斯洛需求层次理论的第三层。当你知道如何找到你的平静之源和联结中心时，你就可以利用肾上腺素来提振精神，而不是被它淹没。有了这些良好的习惯，你可以在最关键的时刻，自信而镇定地讲话。记住，无论你身在何处，"放空半小时"和一个长长的深呼吸都能让你平静下来。想象自己是在与"老朋友"交谈是与观众快速建立联结的途径。

第三章： 这些深厚的支撑性根基，为我们的发声提供强有力的支持，在此基础上我向你展示了如何构建马斯洛的"自尊"，同时让你获得新习惯——通过控制身体来加强核心自信。在"从你的头脑中跳出来"这一章中，你了解到身体是自信演讲的关键。记住，良好的身体姿势是自信的基础。只有保持正确的身体姿势，横膈膜才能自由移动，并且，正确的姿势可以将力量和稳定性传递给你身体内的系统还有其他人。控制电子产品的使用，将"短信脖"带来的影响最小化，记住"耳朵在肩膀正上方"，还有"脊背有力，内心柔软"。

第四章： 有了身体作为坚实的基础，还有呼吸相配合，最后，我们一起探索了位于马斯洛需求层次最顶端的自我实现——在困难时刻仍能自信发言的能力。这一能力让大胆发声，展示自我成为可能。你越是明白自己发言的目的以及你能为观众所做的贡献，你就越能找到自己的声音，越能充满自信地讲话。记住，当你能够让自己所传递的信息保持清晰简洁，留有足够的空间去倾听观众，你自然会变得更加自信。说话时勇敢一些，让整个世界听到你的声音。

从"我"到"我们"

在对与错的观念之外，
还有一个所在。
我会在那里与你相遇。

——鲁米（Rumi），伊斯兰教苏菲派神秘主义诗人

在声乐课或者合唱团排练结束后，我常常会注意到一件事：当我们的声音汇聚在一起时，整个房间会因声音而改变。你能体会到余音绕梁的感觉，即使歌唱已经结束。当你发出声音时，它会传播到你之外的地方，振动着的空气分子会在你所

处的空间里四处"漫游"。所以,一个开放而洪亮的声音的传播范围远远超过你的手臂范围,你强壮的核心肌群会为它提供动力,让它伴随呼吸从你的身体里发出声来。当你放开声音,找到轻松、自然的发声状态,你就可以制造出"余音绕梁"的效果。

每当我们被禁锢——被我们的头脑、电子设备、世界观,以及我们所建构的独立自我禁锢时,声音能冲破这些禁锢,这就是我喜欢它的地方。声音是一种能量。当你说话时,你是在创造一些已经超越你的东西并将其传播。声音会流动。它在人与人之间建立联结,架起沟通的桥梁,它可以超越个人的局限。喉部振动会以声波的方式传递到观众的耳朵里,引起振动。空气压力触动鼓膜,引起耳蜗中的淋巴液振动并使毛细胞兴奋,对于不同频率和音量,毛细胞会做出不同的反应。耳道与喉咙拥有相同的共振频率,在声音领域它们是亲密的"合作伙伴",就像听众和演讲者被同一种空气振动紧紧联系在一起。这种联系是人与人之间能量传递的桥梁。我们在发出声音的同时已经超越自我,进入了一个更广阔的空间。当我们大家一起发声时,我们就创造了一种新的和谐。

你找寻到的自信和为发声所打下的根基会让你成长,让你实现马斯洛所说的"自我超越(self-transcendence)"。[1]简而言之,这个词的意思就是你有能力超越自己,与世界建立联结。马斯洛认为,自我实现和它给予人们的自信是一种转变、一个起点,人们由此跨入他所谓的"超越"。在这里,人们能够建立联结，形成团体，成为比自身更重要事物的一部分。[2]英语中的"超越（transcend）"一词来源于拉丁语"超越（transcendentum）"，意思是克服、增强。当我们在本可以抬起头看看周围的世界，却只关注自己并且低头紧盯着电子设备的时候，超越似乎是一种必要的再平衡。病毒可以在24小时内环游世界，亚马孙河流域的森林可以为数千英里以外的地区带来降雨。你的"自我"和"个人品牌"根本无法为你带来任何益处，如果雨林的树木被砍伐殆尽，或者你呼吸的空气被严重污染。没有与"我们"的联结，"我"便不复存在，而"我们"就是所有人赖以生存的群体和生命系统。

声音能够给你带来的超越是非常实际、扎实并且充满活力的。正如你们所了解的，用最简单的方式来描述声音的形成就是"脊背有力，内心柔软"。强有力的背部赋予你真正的自信，它体现在你的呼吸、你挺直的脊柱，还有你的声音里，拥有这样的自信使你能够信任并超越自己。柔软的内心让你向世界敞开，呼吸轻松，心胸开阔，能够与人联结并且富有同情心。你越是能够放下焦虑，你的倾听就越专注；你越是忘掉紧张，你的呼吸就会越轻松，声音也越放得开。当你与你的声音成为朋友（这个小小的人类奇迹），它会让你身心合一，同时也可以帮助你与外界建立联结，包括你呼吸的空气，还有其他人的耳朵和大脑。我不是物理学家，但声音帮助我理解了理查德·费曼（Richard Feynman）的名言："你不能说A是由B组成的，反之亦然。所有质量都是相互作用的。"

> **试试这个：摆脱困境**
>
> 如果你感觉自己陷入了困境，急需知道如何才能大胆发言，或者如何找到自己的声音与他人沟通，那么请参考马斯洛的建议，帮助你跳出当下的状态。
>
> 1. 专注当下。手掌交叠放在横膈膜的位置，用一只手掌压另一只手掌，以这种方式感受你的身体。在手掌用力的同时感受核心力量不断增强，感觉它是如何在你说话时为你的声音注入能量的。
> 2. 现在，花一点时间在你的脑海中想象 10 年、20 年或者 30 年之后的场景。向未来的你咨询当下的建议。以跨越时间的视角审视现在的自己，可以帮助你超越当下。
> 3. 现在想象从远处俯瞰现场：这些观众需要什么？对于所需要的东西，他们从前可能闻所未闻、见所未见，你知道自己需要采用什么样的方式来满足他们？或者你也可以把自己想象成另外一个人去经历当下的时刻，而这个人拥有与你完全不同的视角。观众对此会怎么想？

当你超越自己的世界观，你就可以应对被头脑禁锢而导致的挫折，这些挫折我们每个人都会经历。在《提升时刻》一书中，梅琳达·盖茨（Melinda Gates）写道："声音大和声音有力之间有很大的区别。为争取自由和尊严而发出的强有力的声音来自那些能够掌控自己的痛苦,而不是将其传递给其他人的人。任何一个能够将音量与力量相结合的人都可以找到自己的声音。"[3]

拥有超越、联结、倾听能力的声音是最强大的声音,它们可以创造和谐,而不是用攀比的心态来自说自话。拥有这样的声音,我们可以超越个人的轻视和忧虑,去实现一些比我们所能想象的更宏伟的目标。

当我们的声音汇聚在一起时,就会发生不可思议的事情。声音就像水:流动而不易察觉,但作为一种集体力量,其威力是巨大的。1987年,爱沙尼亚人民一边唱歌一边创造了革命。这场"歌唱革命"始于夏日的白夜,当时参加塔林音乐节的数千名音乐爱好者手牵着手,开始高声歌唱爱国歌曲,这些歌曲在苏联占领爱沙尼亚的50年里是被禁止歌唱的。歌会和抗议活动一直持续到1988年9月11日,30万人——几乎占爱沙尼亚总人口的1/4——聚集在一起唱歌并公开要求独立(爱沙尼亚最终于1991年恢复独立)。正如《纽约时报》报道的那样,"电影《卡萨布兰卡》中有一个场景:法国地下抵抗组织首领维克多不顾德国人的反对,高唱《马赛曲》,想象一下将这个力量放大成千上万倍会是什么样子"。[4]

作为人类,我们在地球上能够展示自身活力的时间很短,那么为什么不尽情地用语言表达活力呢?你还在等什么?作家、活动家奥德丽·洛德(Audre Lorde)在确诊癌症后有力地写道:

当我强烈地、从本质上意识到自己的死亡，意识到我对生命的期许和渴望时（无论生命何其短暂），所有重要的事情和我所遗漏的事情都被深深地铭刻在无情的光线之下，而最令我感到悔恨的是我的沉默。我曾因何而畏惧？由着我的信仰去提出质疑或说出想法可能意味着痛苦或死亡。但一直以来，我们何尝不是在经历许多不同方式的伤害，痛苦要么带来改变，要么意味着结束。死亡，从另一方面来看，可以说是最后的沉默。它到来的速度之快，不管我是否已将必须说的话说完，还是自欺欺人地躲在小小的沉默背后，计划着某天再次全盘托出或者干脆等待别人开口。我开始意识到一种发自内心的力量之源，它来自这样一种认识：虽然摆脱恐惧是最理想的，但学会正确看待恐惧给了我巨大的力量。我会死亡，早一点或晚一点，无论我是否曾为自己发声。我的沉默并没有保护我。你的沉默也不能保护你。[5]

所以我的建议是，找到属于你的乐曲，放声歌唱吧！

参考文献

前言

1. The Apgar score is used to rate the health of newborns. It takes its name from the doctor who developed it in 1952, Virginia Apgar. The score is based on five criteria: appearance, pulse, grimace, activity, respiration.
2. David Foster Wallace told this story in his Kenyon commence- ment speech on 21 May 2005; the speech is reproduced in full in *This is Water: Some Thoughts, Delivered on a Significant Occasion, about Living a Compassionate Life* (Little Brown, 2009).
3. Al Alvarez, *The Writer's Voice* (Bloomsbury, 2006), p. 18.
4. Quoted in Simone Stolzoff, 'LinkedIn CEO Jeff Weiner says the biggest skills gap in the US is not coding', *Quartz at Work* (15 October 2018), https://qz.com/work/1423267/linkedin-ceo-jeff-weiner-the-main-us-skills-gap-is-not-coding/, accessed 7 Nov. 2019.
5. Deirdre McCloskey and Arjo Klamer, 'One Quarter of GDP is Persuasion', *American Economic Review,* vol. 85, issue 2 (1995), pp. 191–5.
6. Gerry Antioch, 'Persuasion is now 30 per cent of US GDP', *Economic Roundup,* issue 1 (2013), https://treasury.gov.au/

publication/ economic-roundup-issue-1-2013/economic-roundup-issue-1-2013/ persuasion-is-now-30-per-cent-of-us-gdp, accessed 7 Nov. 2019.
7. Joseph S. Nye, Jr, Soft Power: *The Means To Success in World Politics* (PublicAffairs, 2002).

第一章

1. Caroline Goyder, TEDxBrixton, 'The Surprising Secret to Speaking with Confidence' [video], YouTube (recorded October 2014, uploaded 25 Nov. 2014), https://www.youtube.com/watch?v=a2MR5XbJtXU, accessed 7 Nov. 2019.
2. Antonio Damasio, *The Feeling of What Happens: Body and Emotion in the Making of Consciousness* (Harcourt Brace, 1999), p. 31.
3. For example: Lingua Health, 'Speech-Language Pathology: The Vocal Cords in Action' [video], YouTube (uploaded 5 Dec. 2012), https://www.youtube.com/watch?v=y2okeY VclQo, accessed 7 Nov. 2019.
4. Kristin Linklater, 'The Alchemy of Breathing', in Jane Boston and Rena Cook, eds, *Breath In Action: The Art of Breath in Vocal and Holistic Practice* (Jessica Kingsley Publishers, 2009), p. 105.
5. Jean Hall, *Breathe: Simple Breathing Techniques for a Calmer, Happier Life* (Quadrille, 2016).
6. Donna Farhi, *The Breathing Book* (Henry Holt and Co., 1996).
7. Pierre Philippot, Gaëtane Chapelle and Sylvie Blairy, 'Respiratory Feedback in the Generation of Emotion', *Cognition and Emotion*, vol. 16, issue 5 (2002), pp. 605–27.
8. S. M. Clift and G. Hancox, 'The Perceived Benefits of Singing:Findings From Preliminary Surveys of a University College Cho- ral Society', *Journal of the Royal Society for the Promotion*

of Health, vol. 121, issue 4 (2001), pp. 248–56. The University of Frankfurt found that after singing Mozart's *Requiem* for an hour, choir members' blood test results showed significantly increased concentrations of immunoglobulin (proteins in immune system which function as antibodies) and hydrocortisone (an anti-stress hormone).

9. P. S. Holzman and C. Rousey, 'The Voice As a Percept', *Journal of Personality and Social Psychology,* vol. 4, issue 1 (1966), pp. 79–86.

第二章

1. Linda Stone, 'Are You Breathing? Do You Have Email Apnea?' (24 Nov. 2014), https://lindastone.net/tag/screen-apnea, accessed 7 Nov. 2019.
2. Ibid.
3. I-Mei Lin and Erik Peper, 'Psychophysiological Patterns During Cell Phone Text Messaging: A Preliminary Study', *Applied Psychophysiology and Biofeedback,* vol. 34, issue 1 (2009), pp. 53–7.
4. Marshall McLuhan, *Understanding Media* (Sphere, 1964), p. 53.
5. John Betjeman, 'Slough', 'Tinned fruit, tinned meat, tinned milk, tinned beans, / Tinned minds, tinned breath.' *John Betjeman Collected Poems* (Hodder & Stoughton, 1989).
6. Stephen W. Porges, *The Polyvagal Theory: Neurophysiological Foundations of Emotions, Attachment, Communication and Self-regulation* (W. W. Norton and Company, 2011).
7–8. Bessel van der Kolk, *The Body Keeps the Score: Mind, Brain and Body in the Transformation of Trauma* (Penguin, 2014).
9. Bangalore G Kalyani, Ganesan Venkatasubramanian, Bangalore N

Gandaghar et al, 'Neurohemodynamic correlates of 'OM'chanting', *International Journal of Yoga* 2011.
10. Anne Lamott, TED2017, '12 Truths I Learned From Life andWriting' [video], Ted.com (April 2017), https://www.ted.com/ talks/anne_lamott_12_truths_i_learned_from_life_and_writing?language=en, accessed 7 Nov. 2019.
11. Simon Annand, *The Half: Photographs of Actors Preparing for the Stage* (Faber, 2008).

第三章

1. Katarzyna Pisanski, Anna Oleszkiewicz, Justyna Plachetka, Marzena Gmiterek and David Reby, 'Voice Pitch Modulation in Human Mate Choice', *Proceedings of the Royal Society B: Bio- logical Sciences,* vol. 285, issue 1893 (Dec. 2018), pp. 1–8.
2. Joan Halifax, *Being With Dying: Cultivating Compassion and Fearlessness in the Presence of Death* (Shambhala Publications, 2009).
3. Helen Russell, *The Atlas of Happiness* (Two Roads, 2018).
4. Richard Llewellyn, *How Green Was My Valley,* quoted in Frankie Armstrong with Jenny Pearson, *As Far as the Eye Can Sing* (Women's Press, 1992), p. 109.
5. Ibid.
6. Bessel van der Kolk, *The Body Keeps the Score: Mind, Brain and Body in the Transformation of Trauma* (Penguin, 2014).
7. Cicely Berry, *Your Voice and How to Use It* (Virgin Books, 1990).
8. Pablo Briñol, Richard E. Petty, Benjamin Wagner, 'Body Posture Effects on Self-evaluation: A Self-validation Approach', *European Journal of Social Psychology,* vol. 39, issue 6 (Oct. 2009), pp.

1053–64.
9. The Text Neck Institute, https://www.text-neck.com/.
10. Adalbert Kapandji, *The Physiology of the Joints, Volume 3*.
11. S. Thomas Scott, 'The Effects of Tactile, Singer-initiated Head and Neck Alignment on Postural, Acoustic, and Perceptual Meas- ures of Male Singers' [oral presentation], University of Kansas Vocal/Choral Pedagogy Research Group (June 2016). In a session of this symposium, Scott presented his research on male singers, finding that if their heads were in correct alignment, as compared to text-neck positioning, they self-reported that they had a better ease of production and, generally, their resonance improved.
12. Jintae Han, Youngju Kim, Soojin Park, Yeonsung Choi, 'Effects of Forward Head Posture on Forced Vital Capacity and Respiratory Muscles Activity', *Journal of Physical Therapy Science,* vol. 28, issue 1 (Jan. 2016), pp. 128–131.
13. Phil McAleer, Alexander Todorov, Pascal Belin, 'How Do You Say "Hello"? Personality Impressions From Brief Novel Voices', *PLOS ONE* (12 Mar. 2014), https://doi.org/10.1371/journal.pone.0090779
14. Joan Halifax, *Being With Dying: Cultivating Compassion and Fear- lessness in the Presence of Death* (Shambhala Publications, 2009).
15. V. Tibbetts and E. Peper, 'Effects of Imagery and Position on Breathing Patterns', *Proceedings of the Twenty-seventh Annual Meeting of the Association for Applied Psychophysiology and Biofeedback* (AAPB, 1996).
16. Nikolaas Tinbergen, 'Ethology and Stress Diseases', Nobel Lecture [video], 12 Dec. 1973, https://www.nobelprize.org/prizes/medicine/1973/tinbergen/lecture/, accessed 7 Nov. 2019.
17. Ibid.

第四章

1. Ben Zander (from his talk at the Sage Centre, Newcastle).
2. Viola Spolin, *Theater Games for the Lone Actor: A Handbook* (Northwestern University, 2001).
3. C. Otto Scharmer, *Theory U: Leading from the Future as It Emerges* (Society for Organizational Learning, 2007).
4. kcbaker.com, accessed 7 Nov. 2019.
5. Cicely Berry, *Your Voice and How To Use It* (Virgin, 2000).

第五章

1. Abraham Maslow, *The Farther Reaches of Human Nature* (Penguin, 1994).
2. Ibid.
3. Melinda Gates, *The Moment of Lift* (Bluebird, 2019). 213
4. Matt Zoller Seitz, 'Songs for a Brighter Tomorrow', *New York Times* (14 Dec. 2007), https://www.nytimes.com/2007/12/14/movies/14revo.html, accessed 7 Nov. 2019.
5. Audre Lorde, *Your Silence Will Not Protect You: Essays and Poems* (Silver Press, 2017).

推荐阅读

在这本书的撰写过程中,我从那些声音"大咖"所做的工作中获益良多,对此我表示衷心的感谢(随后将列出他们中的一些人的研究成果)。我在皇家中央演讲与戏剧学院攻读研究生时,曾有幸师从这些大师或者参加过他们的研修班学习。

当我的出版商要求我将这本书的书名从 *Get Out Of Your Head* 改为 *Find Your Voice* 时,我感到忐忑不安,因为作为一名研习声音的学生,对我来说绝对必要的书目之一是芭芭拉·豪斯曼(Barbara Houseman)的天才之书,这本书非常棒,它向人们介绍了专业演员的声音世界。我非常推荐你阅读这本书。

我还想邀请你跟随自己的好奇心,进一步探索声音。在不断探索中你会发现,声音对人的滋养是无限的。

相关研究成果:

《只要眼睛可以歌唱》

(*As Far As the Eye Can Sing*)

作者:Frankie Armstrong(The Women's Press, 1992)

《声音与演员》

(*Voice and The Actor*)

作者：Cicely Berry（Virgin, 2000）

《你的声音以及如何运用它》

(*Your Voice and How To Use It*)

作者：Cicely Berry（Virgin, 2000）

《声乐艺术练习册》

(*The Vocal Arts Workbook*)

作者：David Carey、Rebecca Clark Carey（Methuen Drama, 2008）

《如何掌控全场》

(*How To Own The Room*)

作者：Viv Groskop（Bantam Press, 2018）

《寻找你的声音》

(*Finding Your Voice*)

作者：Barbara Houseman（Nick Hern Books, 2002）

《人类的声音》

(*The Human Voice*)

作者：Anne Karpf（Bloomsbury, 2007）

《释放自然的声音》

(*Freeing the Natural Voice*)

作者：Kristin Linklater（Drama Publishers, 2006）

《声音之书》

(*The Voice Book*)

作者：Michael McCallion（rev. ed., Faber & Faber Ltd, 1998）

致 谢

感谢:

我在皇家中央演讲与戏剧学院学习期间的老师以及所学到的——声音、普拉提、亚历山大技巧。你们所教授的正是我所需要的,在过去的25年里,你们都在以各种方式为我提供支持——无论是灵感、恨铁不成钢的爱,还是关于我的声音的建设性反馈。时至今日,我仍有很多东西需要学习,并且每天都乐此不疲。我想说:对于你们自己所掌握的"手艺",你们是无可取代的大师。

感谢山姆·杰克逊(Sam Jackson)委托我写这本书,你一直以来的支持给我带来了诸多改变。另外还要感谢你在我需要时所提供的真实反馈,再次由衷地表示感谢。

在本书的编辑过程中,贝姬·亚历山大(Becky Alexander)给予我极大的支持、善意和体贴——你让一切变得与众不同。阿迪(Addy),感谢你让这本书最终呈现在读者面前!

维克托里娅·赛苗诺瓦(Viktorija Semjonova),感谢你的漂亮插图,还有克莱·哈伯德(Clare Hubbard),我高度赞赏你所做的重要的、犀利的文本编辑工作。

乔尼·盖勒（Jonny Geller），凯瑟琳·周（Catherine Cho），艾丽斯·勒琴斯（Alice Lutyens）以及柯蒂斯·布朗（Curtis Brown）的团队——谢谢你们的支持！

在成书阶段还有几位对我帮助颇多的人：克洛艾·福克斯（Chloe Fox），感谢你的鼎力支持和睿智的话语，这对我来说意义重大；卡罗琳·唐纳德（Caroline Donald），感谢你在我书写前几个章节时所提供的帮助；埃米·加德尼（Amy Gadney），感谢你为我提供了灵感，并在这条有时让人备感孤独的路上陪伴我！

斯蒂芬妮·布萨里（Stephanie Busari），丹尼斯·格拉韦利纳（Denise Graveline）（还有其他很多人），克丽斯·黑德（Chris Head）和乔治·麦卡勒姆（George McCallum）（"抽屉柜"的创造者！），你们对于我的TEDx演讲之路至关重要，而这正是本书的基础。

黛比（Debbie），法蒂玛（Fatima），古迪（Gueddy），莎拉（Sarah）——感谢你们的耐心坚守！没有你们我做不到这一切。

来自伦敦商业论坛的布雷丹（Brendan），阿梅莉亚（Amelia），露西（Lucy），凯蒂（Katie），感谢你们对本书的信任以及出色的工作。

我的家人和朋友。只有当你写完一本书后，你才会意识到写作会多么占据你的时间和精力。我为去年的缺席向各位道歉，正常服务即将恢复！

尼夫（Neeve），我希望有一天你也能写一本书。在此之前，继续保持阅读。

这本书是关于如何从根本上构建你的声音，你呼吸的"根"以及它们是如何支撑你的。这也与我们呼吸的空气有关。如果您关心我们呼吸的空气，请尽可能种植树木，并与我一起向世界土地信托基金捐款，他们在全球范围内购买、恢复和保护雨林。用大卫·阿滕伯勒（David Attenborough）的话来说："据我估计，给予世界土地信托基金的资金对野生世界的影响几乎超过了我能想到的任何事情。在我看来，世界土地信托正在引领潮流。"

> 另一个世界不再只是可能，她正在来的路上。在寂静之日，我能听到她的呼吸。
>
> ——阿兰达蒂·洛伊（Arundhati Roy）

关于卡罗琳·格伊德
（Caroline Goyder）

卡罗琳是一位在全球享有盛誉的演讲者和声音教练。她热情、迷人、轻松和高度实用的风格，以及她在与演员、教师、广播和企业部门合作中磨炼出来的专业性，使她在全球范围内享有盛名。她曾在皇家中央演讲与戏剧学院担任声音教练多年。她吸收了演员和广播主持在专业训练中所使用的一些内容，并将它们转化为普通大众可立即接受并使用的方法。作为演讲领域的专家，卡罗琳经常受到媒体的追捧，她的作品在电视上以及众多国内和国际报刊的文章中都有报道。她名为《自信表达的惊人秘密》的 TEDx 演讲视频点击量超过一千万。在卡罗琳的网站（carolinegoyder.com）上你可以找到邀请她演讲的信息，以及报名参加她的"找到你的好声音"的活动信息。你也可以从网站上下载简短的音频课程，来帮助你自信地讲话。

你可以通过在社交媒体上 @Carolinegoyder 找到卡罗琳。

青豆读享 阅读服务

帮你读好一本书

《关键时刻自信表达》阅读服务：

- 🎤 **配套音频**　书中27个声音练习提示音频，助你把好声音练出来。

- 🎤 **精华速览**　10分钟快速了解本书观点：如何练就能抓住听众耳朵的自信声音？

- 🎤 **阅读索引**　31类声音问题快速索引清单。

- 🎤 **实用工具**　聚会、面试、演讲……重要场合的15个自信提升技巧。

- 🎤 **话题互动**　快来看看，本书的书友们在讨论些什么吧！

- 🎤 ……

每一本书，都是一个小宇宙。

扫码使用配套阅读服务